贵州省庆祝中国共产党成立 100 周年
重点主题出版物

少年英烈
袁咨桐

何建明 ◎ 著

图书在版编目（C I P）数据

少年英烈袁咨桐 / 何建明著 . -- 贵阳 : 贵州大学出版社 , 2021.5
ISBN 978-7-5691-0438-7

Ⅰ . ①少… Ⅱ . ①何… Ⅲ . ①袁咨桐 – 生平事迹 – 青少年读物 Ⅳ . ① K827=6

中国版本图书馆 CIP 数据核字 (2021) 第 077251 号

少年英烈袁咨桐

著　　者：何建明

出 版 人：闵　军
策 划 人：吴　瑕
责任编辑：文　君　钟昭会
责任校对：潘莎路　梁继丹
装帧设计：今亮后声・万聪
　　　　　陈　艺　陈　丽
插　　画：王卓希　赵星雨　廖亭雅轲

出版发行：贵州大学出版社有限责任公司
　　　　　地址：贵阳市花溪区贵州大学北校区出版大楼
　　　　　邮编：550025　电话：0851-88291180
印　　刷：贵阳精彩数字印刷有限公司
开　　本：889 毫米 ×1194 毫米　1/32
印　　张：6.5
字　　数：120 千字
版　　次：2021 年 5 月第 1 版
印　　次：2021 年 5 月第 1 次印刷
书　　号：ISBN 978-7-5691-0438-7
定　　价：28.50 元

红色赤水蕴育革命理想

雨花台下铸就少年英雄

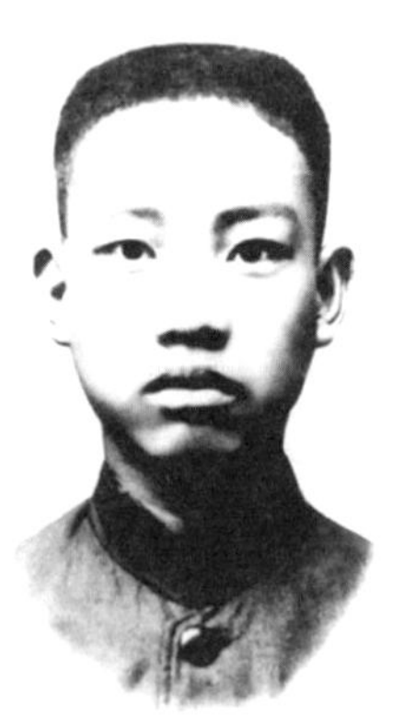

袁咨桐（1914—1930）

追求理想、心怀天下，

用稚嫩的肩膀挑起民族大义，

用一生追求共产主义信仰

写在前面的话

从小我们听惯了刘胡兰、小萝卜头的故事，所以我们也就有了当小英雄的崇高理想与信仰。其实在中国革命的漫漫历史中，还有许多与刘胡兰、小萝卜头一样感动我们的小英雄。

在我走进中国最大的革命烈士纪念地南京雨花台时，便深深地被一位从贵州大山深处走出来的少年英雄所吸引，他，就是袁咨桐。从小聪明机智的小英雄，出生在红军四渡赤水之地的现今习水土城，十二岁时就离家到省城贵阳学习，接受了进步思想，之后即参加了革命。

到南京后，小英雄在著名教育家陶行知和许多革命家的影响下，用写剧本、演戏、参加游行等方式投身到学生运动和反对国民党反动派的斗争中。后在白色恐怖下被捕。敌人严刑拷打，种种诱惑，甚至有国民党高官亲自出面以“出国”为条件劝说他脱离革命，否则要其性命。小英雄不畏强暴、坚持信仰。16 岁的他，被敌人改为“18 岁”枪杀在雨花台……

16 岁少年英烈之血，其光芒将永远闪耀在中国大地上。

1930年9月，贵州少年袁咨桐的生命永远定格在了16岁。今天，在被历史尘埃掩没了九十年后，这个16岁的少年注定会在人们的心中复活，这是我坚信的一件事。

这源于我每一次到中国最大的烈士纪念馆——南京雨花台烈士纪念馆瞻仰时，讲解员总会在“晓庄十烈士”面前停下，深情而生动地娓娓道来：

1930年4月5日，南京市大、中学生和广大市民为声援南京和记洋行工人的反帝斗争，进行示威游行，声势浩大。

著名教育家陶行知创办的南京晓庄师范学校的学生队伍，足蹬草鞋、高举大旗，走在最前列。石俊、叶刚、谢纬棨、郭凤韶、袁咨桐、姚爱兰、沈云楼、马名驹是其中的骨干和积极分子。蒋介石反动集团对晓庄师范的革命行动恨之入骨，断然下令教育部停办该校，校长陶行知被迫流亡海外。在这一年的7月至10月，反动派疯狂地通缉和追杀晓庄青年学生，除了上面提到的8名骨干和积极分子外，反动派还抓捕了胡尚志、汤藻等共10名青年学生，均将其杀害于雨花台。这10位烈士年龄最大的23岁，最小的仅16岁。

他们永远以年轻坚毅的脸庞面向世间，给这个世界留下了永恒的青春光芒……

于是，多次去过之后，这“晓庄十烈士”尤其是其中年仅16岁的“小烈士”形象，便格外深刻地烙在我心头。这里说的16岁“小烈士”，名叫袁咨桐，是贵州赤水河边习水县土城镇水石村人。袁家在当地是拥有许多土地的大户人家，家乡人并不知道袁家几位“少爷”到底是死是活，因为他们都在上世纪30年代前后离开了土城，去了家乡人并不知道的地方，之后就再也没有回来。解放后，袁家早已人去屋空，关于他们家那些在外的人的情况更是无人知晓……

因为到了南京雨花台，因为看到了烈士纪念馆里袁咨桐这位最小的英烈，他的事迹让我一次次感动，所以也就有了一次次重访袁咨桐家乡的远行——这不，至今我已经5次去过习水和赤水河了。

最初对土城和赤水的兴趣来自于红军“四渡赤水”的故事，后来知道了小烈士袁咨桐的家乡

就在土城，于是土城成为我近些年常去探访的地方，在这里，也让我更多地了解了袁咨桐的童年与少年……

在中国革命斗争史上，曾涌现出很多少年英雄，《红岩》中的“小萝卜头”和被反动派用铡刀杀害的刘胡兰就是其中的代表。

现在留在大家印象中的“小萝卜头”，实际上是个艺术形象，真实的小萝卜头是杨虎城将军秘书的儿子，这孩子跟随父亲坐了好几年牢狱，后来在蒋介石下令杀害杨虎城的事件中，“小萝卜头”随其父亲一起被国民党反动派残害于重庆歌乐山的“戴笠公馆”。我在我的另一本书《忠诚与背叛——告诉你一个真实的红岩》中讲到过这一事件。刘胡兰是山西文水人，1947 年牺牲时年仅 15 岁，她死在敌人的铡刀下。毛泽东得知她的事迹后，写下了“生的伟大，死的光荣”八个大字。这两位少年英雄的事迹，在新中国成立后，教育了一代又一代的年轻人。而今，时代已发生了巨变，当今的年轻人与当年崇尚英雄的我们已经很不一样了，似乎各式各样的时尚和明星更吸引他们。在一次次瞻仰袁咨桐烈士之后，尤其是比较深入地了解烈士生前和他牺牲时的情况后，我有种强烈的冲动——这位小烈士，其实从某种意义上讲，他更令人敬佩，对今天的年轻人更具有现实教育意义。

袁咨桐在面对死亡时，不像“小萝卜头”那样无法有别的选择。从小就在牢狱里成长的小萝卜头，没有可能也没有任何能力去同敌人斗争，他唯有向往哪一天走出牢房，去仰头拥抱一下阳光，他的童年就是一部苦难史，而小萝卜头就是在这种条件下仍然向往他的光明与温暖；刘胡兰作为敌后游击队员和村妇女主任，当敌人抓捕她后，让她投降时，她英勇不屈，于是被残害了，成为一名革命烈

士。袁咨桐所处的环境和个人条件与上面两位少年英雄都不一样。袁咨桐从懵懂少年成长为一名坚定的共产主义青年团员，可以说，其经历本身就是一部丰富多彩的共产主义信仰史和中国革命理想史。

敌人对小萝卜头和刘胡兰的暴行，几乎是让这两位小烈士“别无选择”。而袁咨桐不同，他是富家子弟出身，他可以选择的机会很多。袁咨桐在晓庄学校参加地下工作的斗争中数次被捕，帮他忙出面周旋和说情的人很多，而且决定他生死的刽子手、南京政府“赫赫有名”的宪兵司令谷正伦及其妻子都是贵州人，与袁咨桐是老乡。因为这层“老乡关系”，在著名教育家、晓庄学校校长陶行知和袁咨桐的恩师、也是谷正伦妻子的老师黄齐生的多方“求情”和“开恩”下，袁咨桐曾两次被“免死”获救。最后一次，还是由谷正伦亲自出面，教化小老乡袁咨桐，并且给他开出“优待方子”——

送其出国留学，从此远离“共党”。这样的机会，各方面子都关照到了，按理说也“够意思”了！然而，袁咨桐年纪虽小，却并不吃这一套，视死如归，断然拒绝了“谷大人”的“老乡情意”。按照当时国民党自制的“法律”，16 岁的少年是可以“免死”的。但“老乡”谷正伦并没有因此饶了“死心眼”跟着共产党走的少年袁咨桐一命，而是无情地将他“16 岁”的年龄一笔改为“18 岁”。就这样，16 岁的少年，心怀共产主义信仰，义无反顾、昂首挺胸地走向了雨花台……

这是一幕让人无比感动和感慨的镜头，这是一曲悲壮而绚丽的青春之歌。袁咨桐及“晓庄十烈士”由此像“小萝卜头”、刘胡兰一样，深深地烙在了我的心头，让我感到我们每一个中国人、每一个青少年，都要铭记这样的少年英烈。在今天的青少年中，有英雄情结和崇尚英雄的人越来越少，而

那些曾经的英模人物由于我们在宣传上的单调与单一，其形式和内容均让青少年感到“乏味”。袁咨桐烈士的事迹和形象则不一样，当我在调查与研究他的事迹后将其说给朋友和一些青少年听时，获得的反响几乎是一致的：“这个少年英雄的事迹太感人了！”

袁咨桐确实具有鲜明的“时代性”和“青春性”：追求进步、向往未来、见解独立、不随大流。他的身上，有侠气，也有柔情，对认准的事情从不动摇。最根本的是他对“救国”和“尊爱底层民众”，有着特别的信仰上的坚定性和牢不可破的意志力。

这与他从小的成长和聪明的天赋有关。

在离开家乡之前，袁咨桐一直生活在老家赤水河畔的土城。名字很“土”的土城，其实是一座颇有韵味的黔川交界处的古镇，据说至少有千年历史。当年红军就充分利用了这里的地理优势，著名的

“四渡赤水”中三渡发生在土城。土城对面的青杠坡曾发生了一场敌我双方皆伤亡较大的战役，它是遵义会议后中央红军进行的第一次大战，由此拉开了四渡赤水的序幕。人民解放军军史上详细记述了“青杠坡战役”的概况。我们今天在这里可以看到一座建在青杠坡上的高高的“红军纪念碑”。当地政府每年在这里都要举行一次“红军节”，来自四面八方的“红二代”们都会聚集于此凭吊先烈。土城还有专门的“女红军纪念馆”和“四渡赤水纪念馆”等。外乡人来土城，漫步于那条赤水河边近两千米长的古街，随处可见毛泽东、朱德等红军将领们曾居住过的老房子，以及当年留下的红军标语……

土城古镇上除了这些红色文化印记外，还有它本身的古韵和独特的地理优势也非常吸引游人。土城紧挨在赤水河畔，夏季大水的时候，老城的房子贴着水，甚至不用走路就能担水烧饭；冬天干涸时

的赤水河只剩下浅浅的十几米宽的水流。但千万别小看了这条赤水河，在土城的上游五六十公里处，就是大名鼎鼎的茅台酒生产地仁怀茅台镇。赤水河如今也被人称之为“美酒河”。

并不喝酒的我，却特别喜欢土城，则是因为它的古韵十足：那随街势而起伏的石板路，以及靠赤水河边的一条条石砖小弄堂，让人仿佛进入一种远离现代文明的古驿道上的颠簸之境。休闲地行走在古街上，随处可见一些大庭院中那一棵棵郁郁葱葱茂盛了千年的大榕树。土城的石板街是最有味道的道路，高高低低，顺山势而走。街道不宽，但与同类的古街相比，属于很宽阔的街道了。因为当年赤水河上的盐路运输十分兴旺，贩卖盐货的担子帮异常活跃，所以古镇的街道不能再窄了。然而如今令游人最感兴趣的还是当地保留着的各种飘香诱人的地方风味小吃……然而我最感兴趣的是土城街头的“袍哥”。所谓“袍哥”，是清代流传于赤水河流域及四川泸州一带的帮会。当年在那山高水湍的赤水河一带，人们的生活和物资交易，都需要结帮同行、帮帮相助，于是便自然形成了一种纪律严密的民间组织——“袍哥”，他们行侠仗义，当然也会有暴力。总体来说，它的组成人员大多是一些为保全自身利益，同时又能主持公道的民间侠士。

“袍哥”的性格和“袍哥文化”对袁咨桐有无影响？我们可以慢慢道来。

土城“袍哥”文化里最重要和最核心的是“义”。小英烈袁咨桐短暂而壮烈的一生，同样具有“袍哥”的这份“义”——当然小英烈的“义”是对革命和共产主义信仰的忠诚与忠贞。

故乡“袍哥”文化，对袁咨桐而言，如诞生之后喝的涓涓赤水河的水一样，滋润着他的体质；

同样，土城起伏的石子路，炼就了袁咨桐的血性骨骼。追求共产主义信仰的革命者，必须有这样的血脉与骨骼。

我还清晰地记得第一次到土城所见的那位摆摊的“袍哥”，他叫罗明先。那时老人家应该有 90 岁了，穿着青色长袍，头戴礼帽，一副侠义之态。当然是表演形式多于实际。老先生身板硬朗，声音响亮，一看就是个习武之人。“袍哥必须有一定的功夫。虽然在旧社会不易受人欺压，但也多数是穷苦人家出身。行侠施义是我们的本分。”罗明先老先生对来访的我这样说。他还当场表演了一些功夫，对一个 90 岁的老人而言，这是很不容易的。土城保留他这样的“最后一位袍哥”，其实更多是为了将“袍哥”作为当地的一种传统文化来传扬，或者是招揽游客，但“袍哥”罗明先先生做得特别认真，也十分热心，所以每每游客到他门口，都会停下来与他照相合影。

“袍哥”成了土城一景，而且是最让人记忆深刻的一景。

2018年，93岁的“袍哥”病逝。2020年11月初，当我再次踏上土城的石板路，见到他的大儿子、新一代表演式的“袍哥”时，欣慰地看到了土城其实依然很好地保留了“袍哥”文化。这是另一个话题。

从年龄算来，93岁谢世的罗明先，还是袁咨桐的后辈。但我在袁咨桐的老宅院子内，与他的“袁氏”家族后人交流时，他们告诉我，听前辈们讲，袁咨桐虽出身大地主家，但从小就是个有“袍哥”侠气的“小袍哥”。

真正的“袍哥”都会些拳脚功夫。老“袍哥”罗明先的儿子这样告诉我。他本人给我们现场表演的功夫就足见他说的话是真实的。“没有功夫的人

其实只能当袍哥的助手而已。”在老袍哥的店铺里，一位身穿袍哥长衫的戴着眼镜的年轻人羞涩地悄悄向我“坦白”。

于是我在想：小英雄袁咨桐肯定学过“几招”。

“这个是肯定的。更何况他袁家有兄弟好几位，硬功夫少不了学上几招。”袁氏家族的人这样说。

“我们这里是大山深处，天高皇帝远。在旧社会时，赤水河是很繁忙的运盐水道，所以这一带土匪也多，即使是有钱的地主家，也常常被土匪抢劫、杀人。于是练武是男人们需要的基本功，即使是袁咨桐这样的富家子弟，也得有点本领才行。”袁氏老乡们告诉我。

“祖父袁翊臣、父亲袁劲夫两代主要靠‘收租吃饭’；祖母、母亲都出自‘知书识礼’的人家。母亲张氏，所生咨桐及两兄一姐弟妹共六人，他行列第四。

咨桐四岁‘发蒙’，入自设的私塾，塾师倪西岩是个不及第的秀才，所教书本，主要有四书、五经、左传、声律启蒙、幼学琼林、古文观止、唐诗、新书还有高等小学的国文、修身等。咨桐对于这些书，读了不止百遍……”

习水县政协资料上这样介绍少儿时代的袁咨桐和他的家况。然而他的袁氏本族人告诉我，过去这里的几大富人之间也不团结，相互之间因为土地的争执，常动刀动枪，所以平常互不来往。

“当时，水石坝袁氏的三个族房都办有私塾，由于家族因分家争产发生多年的口角与诉讼。祖父这一代，又因田产涉讼。一个中武举的三祖父被族人用土枪打死在‘官打渡’的‘令牌田’里，涉讼多年。到父辈这一代仍为田土山林，争水（灌田）等纠纷，造成了族房之间的敌视和嫉恨。”

史料里的这些记载，也说明了这个地方宗族与

宗族之间的矛盾是十分严重的。自保对大家来说，都很重要。袁咨桐家族的自保意识自然少不了。也因为这种特别的环境，袁咨桐从小对一些事情的看法，与传统的观念很不一样。“逆反”和“斗争”意识，仿佛在他身上即天然存在。

“过去这里通往外面的世界其实只有一条水路，也就是赤水河道，山路是很难走得出去的。翻山越岭不说需要几天几夜才能到得了贵阳或遵义，但谁也保证不了这几天几夜中不发生索命的事。”赤水的老乡告诉我。索命就是要命的意思。想往外走的人，一般都可能是有钱人，而一路上土匪早已等在那里，你能走出去还留一条健全的命，实则不易。

“但我们这个地方所有有钱的人家，都希望自己和自己的后代能够走出去。因此习水县范围内像袁家等有钱人家的孩子都一个劲地往外走。这一点好像也是我们习水的传统：想要出息，就往外走。

就是丢条命，也还得往外走。因此你们别看习水偏僻，但思想并不封闭，自古如此。”习水和赤水人都这么说。

这，自然与奔涌不息的赤水河有关。水流才有活力，人动方可有为。习水人家都懂得此理。袁家世代有钱，所以袁咨桐的父亲袁劲夫对自己的三个儿子怀有寄托，他自己也常到贵阳，与那里的名流和有学问的人交友。这为日后儿子们走出大山铺垫了道路。

袁咨桐原名叫荣先。其两个哥哥分别取名为袁灿先和袁裕先。本来“荣先”这名字应该排列给袁咨桐的姐姐的，起名的塾师先生倪西崖给袁氏兄弟姐妹按《三字经》上“扬名声，显父母”、“先于前，裕于后”的意思，给袁咨桐的两兄一姐起名排列下来，原本袁咨桐的姐姐应叫“荣先”，袁咨桐叫“华先”的。但袁咨桐是男孩，“华者，花也”，

所以袁咨桐与姐姐的名字换了一下，才叫“荣先”。后来，兄弟仨到贵阳达德学校念书后，其舅父张华封为袁咨桐三兄弟重新起别号，袁咨桐的两个哥哥分别叫念孙、纪侯。因为袁咨桐年幼，舅父一时还没有想好，所以仍叫“袁荣先”。后来袁咨桐求恩师黄齐生先生改名，才叫了“袁咨桐”。

“荣，原为桐，梧桐也。《汉书礼乐志》曰：‘桐生茂豫，靡有所诎。’意思是：桐同通，茂豫者，美感而光悦也。”黄齐生手捧《康熙字典》，摇头晃脑地跟荣先说着，然而又言：“以桐为式故你取号应为式桐。此‘式’字乃《书经微子之命》所言：‘世世享福，万邦作式。’但‘式桐’于人名，容易被人叫作‘四筒’，不雅也。故老夫以为，你可取‘咨桐’之名，式与咨意义相同，而更高雅也。”黄齐生如此一番地解释为何给袁荣先取名为“袁咨桐”的内意。

“袁咨桐？太好了！这个名字我喜欢。我老阿爹也喜欢！”“袁荣先”此后便成了“袁咨桐”。这当然是后话。

话说袁咨桐十二三岁时，因父亲的愿望，跟着俩哥哥离开土城，去远方“出息”去了。由此也可见，其父亲是个很有远见的人。他甘愿花巨资送三个儿子到贵阳读书，其本身就是很有“战略眼光”的。当然，袁劲夫并没有想到自己的三个儿子，后来却走了绝然不同的路：一个跟了蒋介石的国民党，后来生死不知。另一个据说跟着国民党逃到了台湾，再后来说是到了美国，到底如何，至今未知。再一个就是袁咨桐，他当了烈士，小小年纪英雄气概震山河，成为共和国最大的革命烈士纪念馆内的年龄最小的英雄烈士而名垂千古。这也是后话。

十二三岁的袁咨桐走出土城之后的生命时间仅有 3 年左右，而一个封闭山区的少年，在走出大山之后，为何能够迅速成为坚定的革命者，这过程值得我们今天的青少年深思和学习。

袁咨桐走的时候太小，除了与他年龄相仿的同乡人还隐约记得一点袁家少爷在土城跟着“袍哥”们学武开拳外，很少有人记得起他袁咨桐是啥样。更何况这里是封闭的大山深处，又加他少年早逝，知道他少儿时情况的，也就只有一两个人。后任习水县政协副主席的堂兄袁沉颖在上世纪80年代留下过一些文字，才让我们了解了一些袁咨桐在土城时的少儿往事：

咨桐和我们这一辈的弟兄之间，因为那时川黔军阀频年混战，各家都在十分凄惶中过活，没有继续“扯内皮”，但关系仍不甚融洽。因为以上原因，三个族房所办的私塾，三个老师虽是同道而不相亲近，也正如三个族房不相亲近一样，互不往来。咨桐与我，由于有着儿童们相似的幻想，相似的心理、意识，相似的爱好，和共同的语言，或者还有遗传基因的缘故吧，我们非常友好，一有机会不是他到我家，就是我到他家翻些家藏的书籍、画谱或

新买的书来欣赏，细读，相互提问，相互解答。暑期或农忙时间，弟兄和同学们还相约到油皂树深潭里去洗澡，去土石埂上的小草坪“打战火”讲故事，我们之间的友爱，比对他的两个亲哥哥和我哥哥都亲切多了。

油皂树潭的南上方是土石埂，埂上有几所坟，坟前是草坪，坟和草坪下面的路旁立着一厚块横眉怒目、吐舌张牙的“泰山石敢当”，听说是为镇压深潭水鬼用的。咨桐自幼既怕看又偏要看，有一次，我们走到“石敢当”前，他两眼上翻，恶狠狠地“唔”了一声说：“你只会装模作样，百事不管！”随手拾起一个鹅卵石扑面打去，打得它脸上火星飞溅。打的回数过多，“石敢当”鼓出的双眼也被撞凹了。有一次被长工老柳看见后向他祖父、父亲告了，挨了他父亲一顿“响篙”，第二天，由他祖母备了香烛、钱纸、刀头、净酒，带着咨桐去向“石敢当”赔罪，才算了结这场“祸事”。从此以后，咨桐背地里却把它打得更凶，不但把它鼓出的两眼打凹，连两片獠牙也打掉了。

油皂树深潭的上流是激滩，沿滩上一里多远有个河湾叫梧村湾，湾上是个较大的田坝，坝中有一座四面皆空的“天堂庙”，是袁氏家族在清代捐凑租谷建造的。庙内儒、释、道神像都有。每当春祈秋报，远近几里父老村民，都要凑“份子钱”给“会首”备筵席行仪式来祈祷。这一天学堂照例放假，庙外除荫蔽天日的榕树外，还有一株开得正茂的木本海棠，枝上还挂着一笼起劲叫着的画眉，引来成群的村童乡姑，他（她）们都想折花，住持道姑出面招呼，讲一些“折花不是爱花”的道理。咨桐问：“神台上不是供着折来的花草吗？”道姑说：“折来敬菩萨可是例外。《修真因果》上说，‘今生貌美是何因，前世将花献佛神’。每件善行都有善

报的。”咨桐说：“我不信！如果真有报应，为什么为非作歹的人都升官发财？”道姑说：“大殿柱头上有副对联，你们去看看，懂不懂再说。”有人来找道姑议事，咨桐挡住道姑说：“我还问一句，庙里为什么不供‘泰山石敢当’？为什么不供‘坛神’？”道姑迟疑一下说：“在正经经典上我没有见过这些菩萨的名号，不知在‘巫教’书上查得到不？”咨桐笑出声来说：“哦，原来如此！是乌教！”我们到大殿去看那副对联，那上联是“为善不昌，祖有余殃，殃尽自昌”；下联是“为恶不灭，余祖有德，德尽自灭”。我们反复念了几遍。咨桐说：“这些话一点也不难懂；但是，打破砂锅也很难问到底；二哥，你说呢？”我们在那时想不出一个否定的道理来。

袁咨桐7岁那年，有一天深夜，他和二哥睡得正香时，家里来了一帮蒙面人，其中一位持枪的高大汉子，一手举着火把，持枪的另一只手指挥同伙把床上的袁氏俩兄弟用绳子捆绑起来后，押出袁家。袁咨桐的二哥吓得哇哇直哭。小咨桐不但不哭，反而责问蒙面人："你们为啥抓我呀？我们犯啥法了？"那个汉子对他说："你们家'为富不仁'，是四乡久已闻名的。我们也不是乱下'黄手'，这回是对你们的一种处罚，限你们在年底以前，筹办钱来取人，过期不取，休怪我们歹毒无情……"说着，又指挥同伙："背上这两个小崽子走！"

袁咨桐兄弟俩就这样被绑架走了。他们的眼睛被蒙住了，嘴里也被塞着布块。匪徒们用一架轿子将袁氏兄弟抬离土城，远走他乡。

不知过了几个钟头，昏昏睡去的袁咨桐和二哥被叫醒。原来，众匪要吃饭了，这才给袁咨桐兄弟俩松了绑。

这是什么地方？袁咨桐在朦胧的灯笼烛光下，发现是座庙。“放心好了，我们不会对你们下‘黄手’的……”蒙面人这回也摘下了黑布，他们甚至心平气和地安慰袁咨桐兄弟俩。众匪说的“黄手”就是下毒手的意思。袁咨桐和二哥听得懂他们的意思，也明白了原来他们是想敲诈家里的大人。

这一夜，兄弟俩在小黑屋里的草堆上度过。第二天下午，这群匪徒嘻嘻哈哈地将袁咨桐兄弟俩从黑屋里叫了出来，领头的告诉他们：不会伤害你们两个小孩子，但你们要老实点，不准逃跑，若有逃跑，就小心“吃枪子”。

到第三天，兄弟俩被抬到庙后殿的一间耳房。“你们就住在这儿！”从此，兄弟俩便在这里熬了两个多月，每天都有拿枪的人看管他们。袁咨桐后来觉得这些人“不坏”，因为他们还教他和二哥读书、识字。

突然有一天，看管他们的“土匪”过来向兄弟俩道喜，说：“今晚就要送你们回家了。”

果然，当晚袁咨桐兄弟俩被抬上轿，一直花了近一个夜里的工夫，天亮时到达了青杠坡的永安寺大庙。

兄弟俩刚下轿子，其父似笑似哭地快步跑到轿子前伸出两手，各拉一个儿子，在谢别众匪后，回到了自己的家。

袁咨桐兄弟俩回到家后才知道，他们家里找人一共凑了一千三百多块大洋，又找了当地“哥老会”人出面帮忙，才把他们赎了出来。数年后，袁咨桐到了晓庄学校后，曾写过一篇题为“我幼年的故事”的日记，讲的就是这件难忘的童年往事。

在习水土城这样偏僻的地方，袁咨桐家族不仅有钱财，还出过许多有出息的学问人。比如他的舅父张华封是北京农业大学毕业生，当时在贵阳任省蚕桑实验所所长兼农场场长。省城里的舅父对聪明好学的袁咨桐有极大的好感，所以写信给袁咨桐的父亲和祖父，希望他们把袁咨桐送到贵阳读书，以求今后“担大任”。

别看小小土城，却对外面的世界也很敏感。袁咨桐的父亲和爷爷很开明，尤其是受“五四”运动影响，觉得自己的孩子应该“出去”找出路，只有这样才能合“新潮流”。袁咨桐知道后，更是高兴不已。

1926年春天，刚满12岁的袁咨桐由父亲带着，来到贵阳，与先前到这儿读书的大哥、二哥汇聚一起，都由舅父送进了“达德”学校。兄弟三人都在同一学校，让袁氏父亲和袁咨桐兄弟仨十分开心。尤其是大哥灿先，还由袁咨桐的父亲亲自主婚，同一姑娘结婚成亲。

三兄弟同在仓后街的舅父家食宿，时间一长，就有些不便了。袁咨桐人小，又灵巧聪明，舅父就将他寄托在花牌坊的著名教育家黄齐生老师家。与黄齐生一家相处，是袁咨桐一生的一次关键性的转折。

黄齐生，原名鲁连，贵州安顺人。早年热心开展业余教育工作，主持兴办贵州著名的达德学校。1917 年，黄齐生先生率领贵州学生赴日本留学，后又组织赴欧洲勤工俭学，在那里结识了中国共产党早期领导人蔡和森、李维汉、徐特立等，从此接触马克思主义，支持共产主义革命主张和留欧学生革命活动。回国后任贵州省视学等职。1926 年出任贵州省立第三中学校长，是位追求进步和开明的教育家。黄齐生是中共著名领导人王若飞的舅父。后来王若飞被捕入狱，他多方奔走，从狱中营救出王若飞，并随赴解放区考察，在延安受到毛泽东的接见。

袁咨桐遇见黄齐生先生可谓“终身受益”。他到黄家时，黄齐生先生膝下的儿子当时是7岁，加上年龄差不多的内侄王景仁（王若飞之叔弟），三

个小孩同住一室，相亲相爱。黄齐生和夫人对这三个孩子真的是“爱无差等”，并经常利用闲时给他们讲些文史、诗歌和音韵平仄等方面的知识。

有一次黄齐生先生风趣地对三个孩子说：“来，我出一支上联，你们对一对！”于是随口说出：“是大丈夫，作大计划。”

这下热闹了，袁咨桐和另两位好友开始对下联。这个对“过新生活，建新家庭”，另一个对“革旧教育，破旧礼教”。袁咨桐想了一下，说：“我对‘创新理论，建新国家’。”黄齐生的儿子又说：“我对‘革旧制度，破旧政权’。”

最后他们请黄齐生先生品评。黄齐生先生挨个摸了摸三个孩子的头，欣喜道：“都算及格！不过，内中如‘革旧教育，破旧礼教’意思是对的，只是平仄不调，而且出现两个‘教’字与上联对不起来。比较好的，依我看，有两副，你们再去品评看看。”

袁咨桐等又热议起来，最后都同意“创新理论，建新国家”和“革旧制度，破旧政权”较优，而在这两联中又以“创新理论，建新国家”一联为胜。

“妙哉！此联最为上乘！”黄齐生笑言，然后用特别欣喜的目光赞扬了袁咨桐。其实先生是打心眼里喜欢这位来自土城的聪明的山娃儿，是因为山里来的孩子实在，手脚勤快。这一点不像城里的娃儿，能偷懒就不会主动去帮大人做家务的；袁咨桐不一样，虽说也是临时住在黄家，但他完全当作自己家一样，每天早早起床，然后帮着佣人一起把黄家的里里外外打扫个干干净净，水缸里的水自袁咨桐来后，就每天都是满满的。而黄齐生发现自己的床铺和书房也与以往大不一样了：整齐有序，干净整洁。最重要的是，袁咨桐做什么事，从来默不吱

声，干了就干了，似乎这些活都是他应该做的。让黄齐生先生满意的不止这些。袁咨桐虽然年龄小，但却很懂得与黄家“小少爷”相处，如兄一般的照顾黄齐生有病的独子。后来黄齐生先生的独子病逝后，黄齐生曾有一段情绪很低沉，是袁咨桐每天默默地陪伴着他，并给黄先生端茶捶背。这些都让黄齐生心怀真切的温暖与感激。不久，黄齐生就把袁咨桐叫到膝前，告诉他：从现在开始，你就是我的义子，我们之间可以父子相待，我会对你的人生负责到底的。

“咨桐感激义父！”袁咨桐很懂世故，当场跪在黄齐生面前，发誓像亲儿子一样孝敬黄齐生。

后来的事实也证明黄齐生没有看错人。别看这袁咨桐小小年纪，却非常懂得大人心思，平日里百般尊敬和体贴黄齐生先生，家里家外的事尽可能地去担当。黄家上下都非常喜欢他。

1928年3月，追求进步的袁咨桐与黄齐生一起由赤水取道重庆到上海，住在英租界黄老的侄女婿蔡家。此时，中共领导人王若飞恰好在上海。舅父黄齐生将袁咨桐介绍给王若飞后，王若飞将袁咨桐叫到身边，问他："愿意出来参加革命吗？"

"革命？就是打倒列强和军阀吗？"袁咨桐问。

"对，简单地说就是这个。不过，还要有自己的东西……"王若飞笑道。

"什么是自己的东西？"袁咨桐又问。

"就是你内心是不是相信什么'主义'。"

"就像孙中山先生的'三民主义'？"

王若飞认真地告诉袁咨桐："有些一样，但我们的主义与他也不太一样。"

"那你的主义是什么？"

"叫共产主义。"

这是袁咨桐第一次听说的一个"主义"名词。

王若飞后来又告诉袁咨桐，共产主义是救国救民的“主义”，革命就是要完成这一救国救民的大业。

袁咨桐年纪虽小，但王若飞的这番话，让他的内心发生了巨大变化。在上海的一个多月里，他常好奇地去大街上看热闹，有时也隐约听到王若飞和一些很神秘的叔叔伯伯在讨论如何与蒋介石反动派斗争和让纺织工人不再受租界里的洋人压迫等话题，他觉得这些人非常了不起，是“主义”者、好人！

“有一天我要像他们一样去革命。”这份“革命”之心，是袁咨桐在上海、在与王若飞认识之后渐渐清晰起来的。

这年5月下旬，黄齐生先生赴广西探访那里所实行的“新政”，他给袁咨桐买了火车票，送他到了南京，与早先在那里读书的自家大哥和堂兄袁沉颍一起住在城北将军巷。

那时的南京已经被蒋介石“封设”为国民政府的首都，所以像袁氏家族的后代们能够跑到首都

读书，这也是一件荣耀的事。三兄弟相聚又同住一处，对袁咨桐来说，自然也是十分开心之事。大哥和堂兄除帮助袁咨桐进补习学校外，还帮他补习初中课程。聪慧的袁咨桐在平时闲谈中，不但能把从前在私塾早就熟读的四书、唐诗、《幼学琼林》《古文观止》等书中的某些词句恰当地仿套和活用起来，而且常有自己的一些独到见解，这和他与黄齐生先生朝夕相处耳濡目染有关。大哥和堂兄不由对他刮目相看。更让他们暗暗吃惊的是，十四岁的袁咨桐在日常生活中，会对那些不认识的人或不了解的事情，沉默不语，而对他所熟悉和感兴趣的事，则能侃侃而谈，如瓶泻水，有时还带有一些嘲笑或气忿的口吻，正所谓“知无不言，言必有中”。

从山区的土城小镇，到贵阳省城，再辗转到“首都”南京，袁咨桐见识大不一样。当年他在老家土城读私塾时，看过随园诗话中所言的“秦淮烟月”，在贵阳读书时也读到朱自清、俞平伯写的《桨声灯影里的秦淮河》等作品，以往的神往，如今的身在其中，这让袁咨桐内心充满了快乐。他几次求请大哥念孙带他去看看“秦淮河”与明孝陵，这些地方都是他小小心灵中早已向往的“圣地”。

“也得挑星期天嘛！”念孙终于同意了。

某星期日，袁咨桐和随他一起到南京读书的堂兄弟三人相约出城游玩。他们从寓所步行到城南故宫遗址时，眼前展开一幅青葱的麦苗和金黄色菜花组成的锦绣。沿途长着荠菜、繁缕、紫花地丁。风和土润，浑身有似入浴后的舒爽。袁咨桐顿时边跳跃边念念有词道：“昔日梦云神往处，今朝都到眼前来。你们说，这两句诗套得对吗？”

大哥和堂兄齐声夸奖，说套得对。三人边说边朝苍郁的钟山走去。这时的钟山，正在建设“中山陵”，工地上一片繁忙……那气势宏伟的现场，让

袁咨桐兄弟仨颇为激动与振奋，开始聊起孙中山先生的丰功伟绩和时下军阀混战的局势。小小年纪的袁咨桐又放言：“刚才走过故宫遗址的广场，士兵们高唱：‘打倒列强，除军阀。’哼！我这次跟黄先生由重庆来，坐的就是帝国主义的船到上海，如果真能打倒‘列强’，还有洋人在中国的内河航行权吗！在上海，还有英、法、日侵占的租界，让外国鬼子兵酗酒发疯，调戏妇女、行凶犯罪吗！洋人还享有什么治外法权，他们在中国犯了罪，不由中国法庭拘捕审判，却要让外国的巡捕房去处理。还要准许洋商在内地设立工厂，收购大量贱价的原料，招收大批贱价工人，供给他们无限的市场去推销，这不是洋人拿我们的骨头来熬我们的油吗?！至于说要‘除军阀’，我们刚才走过估依廊，不见着贵州军阀挂着‘国民革命军第二十五军驻京办事处’的大牌子吗？还有四川以及各省的军阀们不同样打着国民革命军什么军的驻京办事处的大牌子吗？‘打倒列强除军阀’不过是些高调，唱唱而已！依我看，‘打倒列强，除军阀；国民革命成功，齐欢唱’不如说是‘投靠列强当军阀；国民革命成空齐失望！’……”

袁咨桐说完这一番话后，先用眼角瞄了一下自己的大哥，但他知道大哥跟他不是“一路人”，便找话茬问堂哥袁沉颍：“二哥你说是不是？”

其实二哥袁沉颍虽大袁咨桐那么一两岁，但有些道理还不如袁咨桐体味得深，所以也不敢随便回答。

“你小小年纪，如何说出这样放肆的话？”袁咨桐的大哥瞪大眼珠，怒斥道，“肯定又是从黄齐生、王若飞那里听来的吧！告诉你，这是要惹大祸的！”

袁咨桐不服地回敬道：“是的！黄先生不是对我们说过，孙中山先生的民族、民权、民生三个主

义是针对着现实的帝国主义、军阀官僚和田主、厂主们的压迫剥削而提出的吗？但四五十年来，这三个主义就被这三个魔怪们玩弄、糟蹋干净了！这些事实，你有什么本领能代它们遮盖和辩护？”

大哥说：“对啰！空口谈主义，扳嘴劲，有屁的用！你也学着唱起高调来，说什么田主厂主是魔怪！我们若不是收租的田主，你会有今天！打翻天印，就是你这号忘恩负义不知天高地厚的人！我老实告诉你：口头上一切宣传的道理都是空的。中山先生说‘行易知难’，既然知道了《三民主义》《建国方略》和《建国大纲》可以救国救民，为什么今天中国还受洋人欺侮、操纵，搞得又穷又乱？中山先生搞了多年的革命，牺牲了许多人，直到死，不能不承认革命尚未成功！蒋委员长一面讲三民主义，一面还给太虚和尚推波助浪；戴季陶在《中央周刊》上发表他的‘八觉’宣传起佛教思想来，说他在武汉投水自杀时，他的头上出现佛光，终于得救了。依我说：‘三民主义’‘三佛主义’都各有一套道理；什么‘难’什么‘易’也各有一套道理，信不信也在各人！”

袁咨桐听完大哥的“道理”和训斥，冷笑道：“你是国民党员，又准备进他们的军官学校，你是信三民主义的啰！”

大哥说：“道理上应该说是信的！国民革命军不是在高唱‘打倒列强，除军阀’吗？也应该说是信的，是不是事实，成不成事实，我都一概不管！”

“哼，你就是国民党的信徒！”

“国民党的信徒又怎样？在南京这个地方，是国民党的政府哟！”

“我才不管谁的政府。只要是反对革命，与革命为敌者，我才不稀罕它呢！”

“我看你是中毒已经不浅了！”

“你才中毒不浅呢！”

见亲兄弟俩争执不休，堂兄弟袁沉颖忙出面劝和道：“我都饿了，你们赶紧停嘴，一起找地方先填饱肚子再说吧！”

三人这才又重新兴致勃勃地边游钟山，边往山下走……

不久，袁咨桐到了南京郊外的晓庄学校读书，从此也开始了他真正的一段青春革命生涯——虽然只过了一年多时间他就牺牲了，但正是这短暂的青春革命生涯，让他永远留在了中国人民革命斗争史册之中，90 年后的今天，我们仍然怀念这位小英烈……

到晓庄学校读书，还是黄齐生先生的缘故，因为校长陶行知邀请黄齐生到该校出任教导主任兼国文教师。黄齐生从广西回来后就到了南京晓庄学校任职，袁咨桐便随他一起到了陶行知那里报到。

晓庄学校，全称叫“晓庄师范学校”，是著名教育家陶行知所创办的。

陶行知曾被毛泽东称为“真正的教育家”。早

年陶行知在美国留学，对西式教育颇为赞赏。他在哥伦比亚大学读书时这样说过：“我的毕生志愿是通过教育而非武力来创建一个民主国家。在目睹了我们突然诞生的共和国的种种严重弊端之后，我坚信没有真正的公共教育就不可能有真正的共和国。”哥伦比亚大学师范学院的新式教育对陶行知的影响巨大，也使他救国的理想变得异常“丰满”。

1917 年，正当陶行知准备完成“博士”毕业论文时，国内的南京高级师范大学急招师资。祖国的召唤，让陶行知不能自制，好在恩师孟禄先生支持他，所以他在提前毕业却又未完成博士论文的情况下，回到了祖国。这种情况不仅陶行知有过，同一大学读书的胡适先生也未获学位而毕业。为此胡适先生耿耿于怀，直到十余年后终于拿到了博士学位，算是为自己的“胡博士”正了名。陶行知一心想着国家的教育事业，“第一站”工作是在南京高级师范学校，而且还是任教导主任。

“教师教师，教什么？何为师？”陶行知在教师大会上这样发问，又这样自答：“第一流的教育家应该是‘敢探未发明的新理’之人，‘敢入未开化的边疆’之人！前者就是‘创造精神’，后者就是‘开辟精神’，试问哪一个新世界、新时代不是具备这两种精神的人创造出来的？当今中国恰遇巨变，倘若墨守成规，还僵守老一套，如何能救国济民？”这位教育改革派领军人物，率先在南京高师招收女生，又在东南大学兼任教育系主任，一路高唱“教育改革”。1919 年，“五四运动”之后，陶行知开始期待“国民政府”能够迈开“教改”步子，结果在实际工作中处处受阻，于是退出高校教育，开始走“平民教育”之路。他认为，政府的腐败，国家的落后，皆因为民众没有文化，没有接受过教育，所以根除政府腐败，振兴民族，须从

平民教育开始。他为此开始致力于平民教育事业，并亲手编写了《平民千字课》。“能识一千字，就可变命运。”他在“平民教育”规划宏图中这样设想：用十年时间，扫盲两千万人。具体目标为：一年一百万，二年三百万，三年五百万……十年总和两千万。从此，陶行知如同一团炽烈火焰，他走到哪儿，就将平民教育的火焰燃烧到哪儿。有一次他回到老家安徽，在省教育厅调研时发现，那里有21个女职员，不认字的竟然有15个。陶行知疾声道：这还了得！教育厅里多数人不认字，这教育厅不成了文盲厅嘛！在他的影响下，有6名妇女吓得赶紧找到他请求学文识字。又有一次他在监狱里也发现多数人不认字。于是陶行知就告诉狱长：要让犯罪的人少，就得让他识字懂道理。就这样，第一所监狱“识字班”就办了起来……

从城市走向乡村的路上，陶行知越走越觉得

中国教育之问题多矣！多到他连走路都感到跌跌撞撞。怎么办？他痛苦得一次次在山崖边、田埂上躺下身子，仰头问天。

对了，中国农村人口最多……到乡下去办学！

陶行知想到这儿，一下来了精神。他连夜把自己的设想成文给了江苏教育厅。

一天，南京城神策门外的一座小山丘上来了两位城里人，他们在晨雾之中，边走边议着……

“你办学的函文已收到，并且批复了……今天就是来告诉你好消息的！”

“这回批复这么快，没你老兄内中帮忙，当不可能哟！”

“贤弟你如此为国家教育操心出力，我不干点正经事？”

“哈哈……长兄所言极是！”

这是陶行知与教育厅好友的对话。今天他们特

别高兴，因为陶行知欲创办乡村学校的公函已经正式批复。也就是说，他可以按自己的想法去办一所专门培养乡村师资的学校了。

“你看中的这块山地，好是好，就是这地名有些暮气，它叫‘老山’，小地名又叫‘小庄’，一老一小，与贤弟的教育兴国大业有些格格不入。得改一改！”

听好友如此一说，陶行知点点头，自语：“言之有理。”随后他思忖起来……突然，他叫道：“有了！”

“有什么？”

“仁兄你看……这样行不行啊！”陶行知道，“把老山改成劳山，劳力与劳心，为劳山也；将小庄改为晓庄，破晓的晓……如何？”

“妙哉！妙哉！”

“就这么定了——我们的学校就叫晓庄师范！”

晓庄师范是陶行知教育人生中的一个特别亮点，因为这是他所倡导的“乡村教育”和“平民教育”的一个典型，也是二十世纪中国教育改革

的先行之作。办晓庄师范是陶行知的一个“点”，他的愿望是通过这个“点”，辐射到全国的“面”上，而办师范学校则可以让这种星星之火，燎原全中华。

我们充饥的油盐菜米面是从哪里来的？我们御寒的棉花丝绸是从哪里来的？我们安居的房屋所用的木石砖瓦是从哪里来的？都是从乡下来的，都是乡下人的血汗换来的……我们今天不应该下乡拜年，下乡送礼，下乡报恩吗？我们今年不应当为乡下同胞做点事吗？我们今生不应当花点钱，尽点心，用点力，为乡下同胞减少些痛苦，增加些幸福吗？

这是陶行知在筹办晓庄学校之初带着同事到乡下时所发表的一篇文章中的一段话。也正是他的这种思想，影响了当时的教育界，得到了广大农民朋友的热烈拥护和有识之士们的响应。

袁咨桐去晓庄前一年的1927年立春日，晓庄师范正式奠基，出席奠基的有各界人士500余人。与此同时，陶行知在当时影响颇大的《新教育评论》发表文章论述他的“乡村办学”的观点，让许多有才华、有理想的教育人士“喜跃如狂”，“恨不得肩生两翅”，飞往晓庄。

此时，南边正在进行北伐战争，南京方面的陶行知忙着在乡下办学。也有人质疑是否“不适宜”？陶行知则不以为然，相反他认为应该不畏混战，不畏硝烟，否则何能说是“教育救国”呢？于是他坚持发布告招生开学——

本校誓与村民共休戚。村民既须在枪林弹雨之下耕种，吾校断不因时局不靖而辍学，故投考开课均公布之日期办理，决不变更。

陶行知的决定，体现了他到农村办教育的钢铁意志和决心，让人敬佩。原本以为也就招上三五个

学生罢了，不想竟然从北京、湖北、安徽、江西、浙江、上海、江苏等地来了一大批学生报名！甚至还有二十多个考生因为种种原因迟报而希望学校补考增入晓庄。

第一届学生如期开学，陶行知上台发表演说：

本校特异于平常的学校有两点：一无校舍，二无教员。大凡一个学校创立，总要有房屋才能开课。我们在这空旷的山麓行开学礼，实在是罕见的。要知道我们的校舍上面盖的是青天，下面踏的是大地，我们的精神一样的要充溢于天地间。所造的草屋，不过避风躲雨之所。本校只有指导员而无教师，我们相信没有专能教的老师，只有经验稍深或学识稍好的指导。所以农夫、村妇、渔人、樵夫都可以做我们的指导员，因为我们很有不及他们之处。我们认清了这两点，才能在广漠的乡村教育的路上前进！

先生之言头回听说，新鲜！农民们说。

先生之言，听似平实，实则深刻！同行们说。

听我们同唱中华，中华，中华！

听，君不闻亚东四万万声的中华，中华！

都同气同声同调同歌，中华，中华！

……

是同种同胞同志同心的中华，中华！

来发愤尽力，中华，中华，中华！

看，君不见亚东四万万人的中华，中华！

都振起精神来振作振兴中华，中华！

同心尽力中华——

开学典礼的最后是陶行知带着全体同学及宾客一起高唱起《尽力中华歌》。随后是一桌桌青菜豆腐的家常便饭，大家却吃得异常开心，似乎也体味到了陶先生与以往完全不同的“新教育”：一切皆自己动手，皆按“平民”“百姓”的日常生活去做。陶行知说：“我们的实际生活，就是我们的全部课程。我们的课程，就是我们的日常生活。”对他的这种教育理念和实践，最高兴的是那些学生，最觉得陌生且慢慢也感到十分有趣的是指导员们——因为那些种地干家务活的农民们，被读书人称为了“先生”“老师”，那种荣誉感、自豪感，是能让他们打心眼里感觉脱胎换骨似的骄傲。

滴自己的汗，吃自己的饭。

自己的事，自己干！

靠人，靠天，靠祖上，

不算是好汉！

要建草舍了，陶行知编了一首《自立歌》，让学生们边唱边干活。学生们那快活劲儿，让劳动现场处处是欢笑和歌声，而且大家觉得干着活却并不累。于是，一栋栋草房子就这样建好了。这就是陶行知所追求和总结的“手脑相长”“在劳力上劳心”的新教育理念。

“能把自己的事都做了，就是最大的进步。能把自己的事做好了，再做为社会服务的事，就是从学生到社会人的意义所在。”陶行知的这种教育思想，很快传播远扬。最欣赏他和支持他的是在国民党军队和政府里当大官的冯玉祥将军。冯将军对陶

行知和晓庄师范的支持是实实在在的，甚至为了让学校能够独立自卫、防止匪徒捣乱和破坏，他还专门给调来一批旧枪与弹药。

“新型教育，利国利民，值得倡导。”有一天冯将军说动了蒋介石，让他抽个空隙时间去郊外“视察”晓庄。

冯玉祥的面子确实大，蒋介石真的专门抽了个时间来到晓庄学校，还带了夫人宋美龄。“蛮好蛮好。”在草房子参观时，宋美龄乐得不行，连声叫好。这位留过洋的蒋夫人，看到陶行知的学校教室是稻草盖的，乐得直抿嘴。

蒋介石那天兴致也很高，看得仔细，对陶行知要求学生“独立自主”管理，频频点头。不过见到一处叫“冯村”的地方他有些不悦，原来那里有个由冯玉祥出资出枪的“自卫队”，估计此事在老蒋内心留下了一个阴影，与日后他下令解散与追杀这里的“小共产党”有关。这是后话。

袁咨桐在义父黄齐生的带领下来到晓庄的时间是1929年初。俩人一位是胸怀大志却终不得志的教育家，一位是对“外面的世界”很好奇的贵州山区的少年，路过上海，来到“首都”南京，最后落脚到他们的“理想谷”晓庄师范后，犹如窒息者突然呼吸到清新空气，事事处处觉得新鲜和兴奋。那一天傍晚，黄齐生带袁咨桐到晓庄师范附属的劳山小校报到，一路上被陶行知新型学校的点点滴滴所吸引和感怀，嘴里不由喃喃地吟咏起来：“一番世界一番新，幸福都缘奋斗生。纨绔何尝不饿死，杜陵枉自笑儒巾……”

“何必十洲三岛求，眼前风景足清幽。蛟龙不是池中物，会向龙潭掉臂游……”跟在屁股后面的袁咨桐如此跟着吟诵起来。

“都背得下来了？”走在前面的黄齐生露出了

一脸笑容，却头也没回地问了一声。

袁咨桐点点头："都背得出了！这是先生在离开四川时送我的诗句，咨桐我每一个字都记得……"

"还要记每个字的意思。"

"咨桐明白。"

在贵阳时，黄齐生先生一有空，就会带着袁咨桐等几个学生到郊外去游玩，其实他是希望通过这样的游玩让自己的学生能够长些课本之外的知识和做人的道理。

又是一天阳光灿烂的日子。黄齐生带着在他家里住的几个孩子，来到公园游玩。

游玩一阵之后，黄齐生将袁咨桐等叫到一起，围在一个桌子前坐下，他要每个人说一句诗或一个成语，内中必须含一个"树"字。

这一天出来游玩时，在黄家就读了王维的"桃花源行”。可是轮到袁咨桐时，这一天玩兴特别浓的他似乎已经忘记了王维的诗意，于是硬着头皮回答黄齐生，说“‘种树似培佳子弟’这句行吗？”

其他几个已经答完的孩子看着黄齐生先生，等他说话。

黄齐生皱了下眉头，突然双眉一张，高兴地站起身，对袁咨桐说：“好诗！好诗呀！”然后又问：“你是哪里学来的？”

袁咨桐笑了，歉意地回答：“义父教我的有‘树’的诗句忘了。刚才那句是这个花圃上的一句对联……”说完，用手指指花圃房顶上的那半节对联。黄齐生抬头望去，之后又忙拿起自己的老花眼镜，仔细地看了看袁咨桐，然后笑眯眯地拍了拍自己的膝盖，仿佛自言自语道：“好个‘种树似培佳子弟’！”接着又说：“有了好的对联，也得有留心对联的人才知道好对联的妙处呀！”这话的意思明

明是在夸袁咨桐。

黄齐生早年在法国留学，后来成为贵州赴法勤工俭学的领头人。他在贵州教育界的资格犹如革命教育家徐特立一样。当年追求救国真理的黄齐生还是追随康有为“维新变法”的激进青年。曾拜康有为为师。康有为因此也为黄齐生写下“俯仰宙合”四个大字赠与他。之后黄齐生虽远离“革命”，一心教书，但恩师康有为的“俯仰宙合”横联，则一直挂在他的会客室正中的壁上。

天覆吾，地载吾，
天地生吾有意无？
不然绝粒升天衢，
不然鸣珂游帝都。
焉能不覆复不载，
空作昂长一丈夫。

一丈夫兮一丈夫，
平生意气多壮图。
请君且看百年事，
业就扁舟泛五洲。

袁咨桐过去在土城念的是古文，如今在黄齐生那里学的是国文。通俗易懂的国文，加之黄齐生先生通晓中外的国学功底，让袁咨桐对知识和“外面的世界”越来越有兴趣，所以他的功课总比一般同龄孩子要学得快而精熟。这让黄齐生也格外喜欢他。

袁咨桐在土城的父亲对自己的儿子要求很严。特别是对“老四”袁咨桐更是管教严格，他要求袁咨桐的两个哥哥代为严管。

哥哥高兴啊，对教育弟弟先以罚的手段来检查和考验他的学习，并作出这样的规定：如果发

现工课不好，就罚不能吃饭。袁咨桐没有学好时，哥哥就动用罚规：不给吃饭。袁咨桐生气极了，不给吃就永远不吃了！哥哥们害怕了，两顿不吃之后就赶紧去哄弟弟。

袁咨桐得意地一个滑溜起来，猛吃个饱。

哥哥又有办法了：如果发现学习不够好，就罚弟弟晚上睡觉前背书……这回袁咨桐没辙了，只好“叽哩呱啦”地背个不停……通常是，他背得上气不接下气时，哥哥们的呼噜声已经此起彼伏了！

不过，袁咨桐确实天资聪颖，读书做作业总是优于所有同龄孩子。这也是黄齐生特别喜欢他的原因之一。

袁咨桐初来晓庄时，他只能在小学部读书，因为前些年跟着黄齐生先生到处流离，耽误了不少正经读书的时间。但另一方面，他又不像一个15岁年龄的少年，跟着有思想、有追求，又有丰富经历的黄齐生周游各地，袁咨桐的思想和对社会的认识也让他又比同年龄的孩子成熟得多。或许正是袁咨桐这份超越于一般孩子的成熟，让黄齐生先生既欣慰，又有些内心不安，于是他交代他的另一位学生："你给我看着他点！"

黄齐生先生对袁咨桐的严与爱，确实超越了一般的师生关系，他把袁咨桐视为亲子。

"我要看日记。"黄齐生很明确地告诉袁咨桐和负责"监督"的学生。

"一开始我只是当作任务，在袁咨桐和黄先生中间传递他们这对'父子'的作业。后来很快发现，我完全被袁咨桐日记里所表达的内容和思想深深地吸引了，他不仅有思想，而且文采也好。每次我传递日记时都有一种期待的感觉，想早一眼看到袁咨桐的日记，甚至常常反复看几遍。因为它让我学到了许许多多东西，而作为同年龄的我，脑子里、眼里就没有他那么精彩丰富的东西……”袁咨桐的同学后来这样回忆。

一个从大山里走出来的少年，能有多少思想值得他人吃惊和学习的呢？原来，袁咨桐的眼里是“战争”“痛苦”和那些让他敬佩的“哥哥”与“同志”——

五月十二日（一九二九）
战　争

今天是五月十二日了。光阴过得真快，记得前两天才是“五九”，今天却是

五月十二日了，但是，汪（达之）先生还抖着精神对我们讲《二十一条》。

我不知是疲倦呢？还是不愿听？会不自主地睡下去了。他们把我由周公那儿叫回来时，只听得汪先生说：人类是以战争求幸福的，你们……刚说到“你们”，便被我打断他的话头了。

——不，有少数人是以战争去求幸福，但是，大多数人是不以战争去求他的幸福啊！……我说到这里，又想起了一幕很惨的悲剧。那是在《一个少年的梦》中。

——有一个少年，睡在一间很破坏的古寺里，忽然有一个很高大的人，走到他的身边，并不问他愿与不愿，把他带到一个会场中去了。会场里的人，他们都是世界上最不幸的人了。他们是受了战争的痛苦，他们有的没有头，有的没有手或脚，有的连鼻子也没有，有的是被在他的身体上刺了许多刀口，有的……有的……说不尽，真是怕人极咧！他们的主席是一个被人把耳朵和手割去了的。这些不幸的人见了这少年便说：“你转到人间，把战争的痛苦说给世上的人们听，叫他们不要去战争。如果不听，你便把战争打倒。因为我们不愿我们的子女再来受这样的痛苦啊！”他在这里会着了他的一些被征去当兵的朋友，他们现在都是没有手或脚或耳……的人，他见了他的友人，不住的流泪……

我正想到这里，很快的听着一声“留学日本的是亡国奴！”这一声把我的

回忆打断了。

我气急了，又同他们争论。

我觉得战争之所以会发生，因大家不相爱；因不相爱，所以发生了战争。

这篇日记写于1929年5月12日。我们很难想象出一个读高小的十五岁的少年当时的思想与感情。据袁咨桐的同学后来回忆，进晓庄劳山小学后的袁咨桐，有机会在这里接触许多以前他在贵州等地所没有接触到的中外著名作家的经典作品，比如翻译过来的外国名著《屠场》《爱的教育》《续爱的教育》、谢冰心《寄小读者》、朱光潜《给青年的十二封信》等，尤其喜欢鲁迅的《呐喊》《彷徨》《热风》等充满战斗激情的作品。“鲁迅的笔头，是冒着火星的，中国社会现在就等着一把火，我要学鲁迅！”有一次黄齐生来到学校饭堂，想告诉袁咨桐一声自己要到外地去，可就是找不到他。最后是袁咨桐的同班同学引黄先生在麦地里的田埂上才找到了他。“书要看，但饭不能不吃。”黄齐生见读书如饥似渴的“义子”如此表现，一方面非常心喜，一方面又怕他在长身体的年岁里饿坏了身子骨。哪知袁咨桐如此回答他的恩师：“这个世道，如果不能多出几个像鲁迅一样的人，就是把肚子暂时填饱了也不会觉得有味道！”

“我要斗争！”袁咨桐这一句话让黄齐生的内心重重地震荡了一下，心想：这孩子真有股“山伢子”的顽劲。

晓庄学校在陶行知的影响下，革命意识和斗争精神格外浓烈，如同火焰一般。像袁咨桐这样的青少年学生，一进晓庄，即如鱼得水般的适应。

其实，袁咨桐的这种思想变化，一方面也是受黄齐生的影响，而到了晓庄之后，他接触了一个又

一个以前他从未接触过的“哥哥”和“同志”，这在他生前仅留下的几篇“日记”中的另一篇里这样描述过：

我们的朋友——喜鹊——死了

在一个会场中，忽然有一个慈爱的先生，拿了一只喜鹊，一只死的喜鹊。他是我们的朋友，它来晓小已一个月了。它一天一天的生活着，一天一天的长大。光阴真似流水般的过去，初来时它连羽毛也没有，而今都能举翅高飞了。

可惜，不料在这样美丽的早上，它会悠然长逝了。

朋友，你死了？你能告诉我，你是如何死去的呢？为什么你到了已经能高飞了，才悠然长逝呢？

朋友，我不该，不该率领了我的同学，把你由你慈母的怀中，拿到残忍的人们的手里来。

我回忆，回忆到一月多前的一天下午。啊！那是这么一回事：

一队有六七人，各人手里拿了杀人的（?）利器，一步一步地走到一棵大树的下面，一分钟，两分钟的过去，忽然由北边飞来一只喜鹊，一只可爱的喜鹊，他就是这死鹊的母亲。我于是对着同来的朋友胡君说："来，来呀！""有吗？"他一面说，一面走到我的面前来。"有的，快上去！不然，它将飞了。"胡君丢了他的利器，很快的便上去了。

一种又悲惨又凄凉难以言语形容的

声音，在胡君上去后一分钟，由那又美丽又沉静的林中发出来了。

我不知为了什么，在那一刹那间，会不自主的将手高高地举着，并以一种悲伤的眼光，视着那哀鸣的小鸟。等到我们离开林子时，又不自主的放下来了。

他将离开它父母时，还不住的叫着：“哑，哑，哑……”

呀！光阴啊！你为什么这般快的过去？不多的时候，它也同它母亲一样，能举翅高飞了。

朋友，我不能再写了！……如果你有灵，我当向你请罪。

朋友，你该记得，在你未死之前，你有两个弟弟，也是先你而死了。

你要算是最后的一个了！

你要算是最后死的一个了！

你还有一个能高飞的兄弟，因了你的死，怕要不再到这里来了。

朋友，你还能再活吗？

朋友，你记着，你的小朋友易君已为你而流泪了。

——朋友！我们天上再会吧！

祝你为一个和平之神！

我用了袁君学礼祝福你的话来向你请罪！请罪！

（1929年6月9日）

需要简单交代一下的是，陶行知所办的晓庄学校虽然没有一个生物室，但却有负责指导的我国有名的生物学家，当时南京中国科学社的秉志教授等。晓庄的小学也注意生物教学，教袁咨桐他们的

就是一位叫石俊的生物老师，而这位老师在袁咨桐的笔下就是“一个慈爱的先生”。石俊其实是中共地下党晓庄支部的负责人。他在教生物课的同时，一直与晓庄学校里的其他地下党支部同志在传播革命斗争道理，发展党员和青年团员。袁咨桐则是石俊所看中的一位与众不同的革命性很强的少年才俊。尤其是袁咨桐的纯洁心灵和高尚情操，让他受到了石俊这样的“大哥哥”、“大姐姐”们的特别关注。

石俊，原名石俊光，江苏如皋人，从小父亲早逝，靠母亲拉扯大。母亲被好学的石俊所感动，在家庭经济极其拮据的情况下仍让儿子念完初中。之后石俊考上了如皋师范。在如皋师范，石俊在其堂哥石勋光（中共党员）的影响下，联合另一位女同学汤藻，三人经常一起阅读进步书刊，讨论中国社会问题。1925 年大革命运动席卷大江南北时，他们在如皋师范积极组织学校的进步学生上街游行，支援上海的“五卅”运动。在这一运动中，石俊、汤藻和另一位同学马名驹，都成了中共组织的培养对象，其中马名驹第一个成为中共党员。1926年冬天，中共如皋师范党支部成立，学生石俊、汤藻等都成为了中共党员。从此，这个不起眼的师范学校在当地成为革命熔炉，石俊、汤藻、马名驹等学生都成了革命的骨干，他们的斗争经验也在实践中越来越丰富。然而，国民党当局对如皋师范的“共党”活动十分惧怕。1927年，蒋介石叛变革命，其对共产党人采取残酷镇压的反革命真面目暴露后，如皋当局的国民党随即也撕破脸皮，对如皋师范的中共组织采取卑鄙行动，开除了石俊、汤藻等7位革命学生。恰逢此时，陶行知的“晓庄师范”开学招生，石俊、汤藻等如皋师范的革命学生便投奔到了“晓庄师

范”这一个新的革命熔炉……

处境与石俊、汤藻差不多的湖南籍学生郭凤韶、谢纬棨，浙江籍学生叶刚以及江苏籍的沈云楼等也在经历了同样的革命斗争洗礼之后，先后投奔到晓庄学校。袁咨桐跟着义父黄齐生来到晓庄时，石俊、叶刚、汤藻等已经是“大同学”了。在他的眼里，石俊他们才是真正志同道合的“哥哥”“姐姐”。不过，在认识诸多“哥哥”“姐姐”的过程中，尽管袁咨桐也算在贵州和四川、上海多少见过些世面，但他依然感觉自己是“山沟沟里出来的山伢仔”，尽管袁咨桐口才超众、聪慧过人，可在“哥哥”“姐姐”面前，他仍有些敬畏。唯独有一位女学生让他在接触过程中有一种特别温馨与亲近的感觉。这样一份“自信”，让十五六岁的少年萌发了与异性之间的那种朦胧的情感。

她叫姚爱兰，是比袁咨桐大两岁的南京近郊六合县的女孩。女孩比男孩早熟，又大两岁，她在袁咨桐的眼里，就是一位成熟而有女性魅力的特别的“姐姐”了！

十五六岁的袁咨桐与十七八岁的姚爱兰之间是否存在爱情或者就是那种歌德笔下的“少年维特的烦恼”，现在已很难说清。2020 年 10 月底的一天，我在袁咨桐的老家，与一群袁氏家族的后代们聊起这事时，其中一直在“业余”研究袁咨桐烈士的袁仕成先生很清楚地告诉我，据他调查和掌握的资料看，袁咨桐当年在晓庄时，确实与姚爱兰有段既朦胧又清晰的爱情，原因有二：“一是袁咨桐本人在日记和对他的后来活下来的同学讲过自己的‘烦恼爱情’，二是姚爱兰的亲属后来也证实姚爱兰喜欢过一个比她小的同学。”袁仕成认为最重要的一点是：“依照当时的情况看，袁咨桐是从贵州这样遥远的地方到江苏南京来学习的，有种人生地不熟的

感觉，同时尽管他心智比一般十五六岁的男孩老成，但毕竟尚未完全成熟，内心的一些胆怯是存在的；而姚爱兰虽然比袁咨桐大两岁，但由于她生性

腼腆，不爱多说话，又总认为自己是乡下来的，所以在与大同学接触的过程中有些放不开，相反在与袁咨桐接触过程中则少了许多胆怯。这是他们两个正在成熟过程中的少男少女所容易产生爱情火花的客观原因。”

袁仕成先生的分析有一定道理。少年袁咨桐心中有份潜存的爱情确实并不奇怪，恰恰它对追求革命理想的他们都有另一种动力。

姚爱兰是与袁咨桐前后脚到晓庄报到的。姚爱兰是爷爷带她到陶行知那里报到的。这位稚脸圆圆、眼睛大大的姑娘，第一次与陶行知见面时，陶先生就很喜欢她，因为她一说话就脸红，说话是低着头的。

“孩子一直在乡下，没见过世面，怕生得很，请陶先生多开导。”姚爱兰的爷爷这么说。陶行知反而对姚爱兰这样的学生格外喜欢，便道：“没见

过世面的孩子更容易教育好，爱兰同学，你要好好学习，大胆思考，积极参加各种活动啊！我们这里可是天高云淡任鸟飞的地方啊！你要飞起来！”

“飞起来——”姚爱兰红着脸，朝陶行知先生鞠过躬后，一直在心头喃喃地说着这句话。

“飞起来——就是张开双臂，像大鹏展翅，飞翔而行……”姚爱兰的眼前突然出现了一个比她个头矮一截、却眼睛会说话的小男孩。

“爱兰同学，我们认识一下……我叫袁咨桐，贵州来的。”

姚爱兰原本红着脸，低着头，突然一听是“贵州”那么远的地方来的同学，又把脸抬了起来。

“贵州那个地方跟南京差不多吗？”姚爱兰轻声地问。

“不太一样，我们那里尽是山，山连着山，山外还是山！”袁咨桐说。

“那——你是怎么出来的呀?”姚爱兰更好奇了。

“跑出来的呀!”袁咨桐笑了。

“那得跑多长时间呀?”

“嗯——我从习水老家到这儿，一共有两年多了……”袁咨桐掐了掐手指，算着。

姚爱兰惊呼起来:“哎哟，要跑这么长时间呀?”

袁咨桐又笑了，说:“当然这么长时间里不全是在跑的，我上了好几个学校……”他便把自己如何从老家土城到贵阳，再跟着黄齐生先生到上海，最后到南京晓庄这几年间发生的事讲述了一遍。

“哎哟，你真不简单。”姚爱兰听得出奇。

就这样，他们俩便成了同学中的“好朋友”。那个时候，不会有偷偷的男女之间的“约会”一类的事，然而有情人之间的暗示和目光无须直接的约会也同样能够实现心灵的约会。

至少，从已有的各种“记忆碎片”中，我们能够寻找到袁咨桐与姚爱兰之间是有“恋爱”情愫的，他们的爱也是朦胧的，又是纯洁和清晰的。可惜的是这对有着朦胧爱情的少男少女过早地为革命事业牺牲了生命，不然凭袁咨桐的性格，他们的恋爱一定也会是轰轰烈烈的吧。

其实，晓庄学校不仅对袁咨桐、姚爱兰这样的学生充满吸引力，就是对比他们稍稍大些的学生也同样有着特殊的吸引力。这是陶行知先生所倡导和追求的目标：让学生们在自然、自由和劳动之中成长。“晓庄十烈士”中的郭凤韶曾经对自己的好友这样评价晓庄：“这儿太好了，我感到愉快，这儿的老师待人亲切，同学团结，我很喜欢这所学校。”

“晓庄是从爱里产生出来的，没有爱便没有晓庄。”陶行知曾在《晓庄三岁敬告同志书》中这样说。“我们的实际生活，就是我们全部的课程；我们的课程，就是我们的实际生活。”这就是陶行知的生活教育理念，用他的话说，这叫“教学做合一”。他认为，所谓生活教育，即以生活为中心的教育。他说：过康健的生活便是受康健的教育；过科学的生活便是受科学的教育；过劳动的生活便是受劳动的教育；过艺术的生活便是受艺术的教育；过社会革命的生活便是受社会革命的教育。由此类推，好生活即是好教育。高尚的生活就是高尚的教育，反之则反。正是陶行知先生的这一理念，革命的中国共产党人在敌人的中心城市——南京要想革命和发动民众，像晓庄这样的“革命根据地”太合适不过了！

1928 年夏，也就是袁咨桐和姚爱兰还没有到晓庄之前，那片长满松树的山林中，有 6 位男女学生聚集在一起，他们中间有一位戴着眼镜的年纪稍

大一点儿的男子正在给石俊、刘季平、汤藻等学生悄然下达“一、二、三……”原来这是中共南京市委的同志在晓庄支部交代“当前的任务”。这个时候的晓庄支部已经是南京地下党的三个支部之一，除了石俊、汤藻等党员外，还有从安徽公学转过来的胡尚志等党员。胡尚志等后来与石俊一样，都成了陶行知的得力助手，成长为晓庄师范的老师，他们对袁咨桐、姚爱兰等有进步思想和追求光明前途的青少年学生来说，影响特别大，因为这些“大哥哥”“大姐姐”老师既同小同学们亲密无间，又有博学知识和革命思想，袁咨桐、姚爱兰等进步学生便在他们的影响下，迅速成长。

这首先是因为陶行知先生的教育理念和宽松环境给予了这些革命种子生根、发芽、开花和结果的先天条件。而石俊、叶刚等青年革命老师有趣、热情、精彩的讲课，又让袁咨桐、姚爱兰、郭凤韶等有进步思想的学生如鱼得水，活跃异常。

“老师，世上到底有没有鬼呀?”小学生们对这个问题最为关心。袁咨桐虽然在大山深处长大，也被土匪劫持过，但关于到底“有没有鬼”，他也说不清。姚爱兰不用说了，就是相信有鬼。那天，同学们都来听石俊讲“鬼”故事，姚爱兰主动挨着袁咨桐坐下，然后特意向他靠得很近。这是袁咨桐第一次如此近的挨着一位他心中十分信任和期待“挨着”的女生，他甚至目光不敢斜视，因为他的内心也是第一次特别想看一眼“女人”那奇妙的“身体”。关于这一点，外人并不知道，但袁咨桐因自己大哥的缘故，曾经几次“被迫”去“想过女人”。在以往所有的“英烈事迹”中都没有这一方面的记述，可能是怕“损害”了袁咨桐的形象。其实不然，在我看过他同学与他一起经历“大人那点事儿”之后，恰恰我认为袁咨桐这位小英雄的本质

和素质令人敬佩。

如前面所述，袁咨桐到南京后，他的两个哥哥也在南京，二哥和堂兄也因为黄齐生先生的关系一起到了晓庄学校。袁咨桐的大哥在国民党军官学校学习，之后又在军队谋职，一路亨通。

1928 年 12 月中旬的一天，这是一个星期六的下午。晚饭后，袁咨桐的大哥约袁咨桐和袁咨桐的堂兄一起，从城北将军巷步行到秦淮河附近的一家清唱的歌馆——“飞龙阁”去听京戏。那时的南京歌馆皆是女脚（即女服务员）。袁咨桐和堂兄年岁接近，但对大城市里的歌妓并不太懂，当然也不能说全不懂，因为在近八九十年前的中国，一般十五六岁成婚的也不算少，所以说袁咨桐一点不晓男女之间的事儿似乎并不客观。也就是这个“似懂非懂”的年纪时，他哥哥就是一个纨绔子弟出身者，所以得空逛逛“窑子”并不为奇。这一天他大概是想让刚来南京不久的两个弟弟“见识见识”，所以带袁咨桐等出来“显摆”一下自己所见过的“世面”。

在进歌馆之前，袁咨桐哥哥在馆外的一个小摊上买了三只大红袍柑。正在付钱时，一位二十岁上下的姑娘挽着个五六岁的女孩也轻盈缓步地走向小摊前。她穿着钉上电光瓣子的青绒旗袍、丝光袜、青绒鞋，头戴墨绿色的毛线帽，帽的一边还缀上一个浅红色的线球，衬着发光的刘海式的额发，双肩上披着一幅宽大的围巾，是一个端庄的大家闺秀。袁咨桐的大哥便举着桔柑逗那小女孩，那小女孩仰头似询问大姑娘，见没有答案，便说：“我们有。”

袁氏三兄弟走进一家名叫“飞龙阁”的歌馆，其实就是妓院。进馆时间早，所以里面的客人不多，于是袁咨桐三兄弟选定了前排座。这时馆里的

伙计上来沏上三杯茶，袁咨桐的堂兄见表哥神思不定地在左顾右盼，便自己掏腰包付了茶钱。

“来了！你们只管坐着！”这时，袁咨桐的哥哥悄声说着，眼睛却在张望着另一头。

袁咨桐和堂兄顺着望去，过来的正是刚才在摊上遇见的那位姑娘和那女孩。这两个“木鱼”（呆子）并不知道什么奥妙，仍然看戏，只有袁咨桐的哥哥根本心不在焉，一副左顾右盼和忐忑不安之状。后来又跟堂弟换了座位，距那姑娘和那孩子更近一点。袁咨桐斜着眼睛看着哥哥用桔柑再三向那小女孩挥动着，不一会儿那女孩便走到了袁咨桐哥哥膝前，顺手拿走两个便又转身回到姑娘身边。

“跟我去看好戏！走！”袁咨桐的哥哥轻声对兄弟俩说。袁咨桐和堂兄原本看戏看得正在兴头上，对哥哥的“提议”有些惊奇和不愿，正迟疑之际，他大哥拉着他俩就往外走。

“到哪儿去嘛？”出了歌馆大门，袁咨桐问。

“跟她们后面走！”哥哥果然是个“老手”，他指指前面的那位姑娘和女孩的身影说。

走过一段路后，那姑娘在一个不起眼的店铺前停住了脚步。等袁咨桐哥哥他们快跟上时，她又默默掉身在街头前导着……

“这不会受骗吧？”袁咨桐的堂兄有些害怕和紧张地问道。

“别瞎嚷嚷！”袁咨桐的哥哥阻止道。看袁咨桐有些不耐烦，其哥哥一把扯了下他，随后走在最前面。

三人跟上那姑娘了。袁咨桐大哥满脸笑嘻嘻地搭讪：“你家住在哪里？”

“就在前面。”姑娘往前指了一下，意思是让三人跟她走便是。

约走过一段四五分钟长时间的弄堂深巷之后，姑娘在一排房舍前一个右转，便在一家黑色大门的宅子前停下，而后上前用手拍拍门上的兽环，喊了一声：“嫂！开门！”

门开了，一位三十岁模样的妇人露出脸，看看袁咨桐他们，又跟那姑娘说：“回来了，这么早呀？”

姑娘没有回话，只是带着袁氏三兄弟往里走。

入小天井后，又进了右厢房。那姑娘便说：“嫂，难为你……”对方回答一声“我知道的，你们忙”之后便不见了身影。

袁咨桐和哥哥及堂兄好奇地打量了一番内屋：那厢房的北面设一间挂帐的牙床；东壁是几张茶椅茶凳，壁上挂着一条横幅，左右还有一副对联；南壁有个书架上层放着座钟，墙壁上还挂着一把京胡，看上去很有些书香气，

“你们是仙风吹到。都贵姓呢？”姑娘开始跟袁咨桐哥哥说话。

“学堂里来的。都是四川人，刚来南京不久……”哥哥这样回答。袁咨桐和堂兄对视了一下，觉得哥哥有些“狡猾”。

姑娘也不在意，笑笑说：“南京现在建都了，哪儿来的英才都有，你们就是。”又说：“从前你们四川在此地的人不多。建都后，连我们同学中也增加了，都是些官家子女。”

“你也是在这儿读书呀？”袁咨桐三兄弟暗暗吃惊。袁咨桐这个时候已经看过不少进步和反社会的小说了，所以他对“妓女”和“窑子”一类的事并不是一点不知道，故一听姑娘也是在南京读书，他便万分好奇地问。

“那能告诉我们你住的门牌号啥的？以后好找你嘛！”袁咨桐的哥哥相对老练不少，便如此追问。

姑娘并没有反感，只是迟疑了一下，反问：“你们问来做什么？”

“今后好给你通信嘛。”袁咨桐的哥哥说。

“哈，要和我通信？”姑娘笑着惊呼起来。

“是是，我们就想跟你通信。”这话竟然由袁咨桐抢在前面说了。

“是啊是啊，只要你愿意。”袁咨桐的哥哥连忙也跟上。

“真的吗？”姑娘似乎惊诧地又笑问。

“是的。”“真心真意的！”袁氏三兄弟几乎异口同声道。

这时，刚才出来开门的那位“嫂”端着一个食品大盘进了屋，又是沏茶，又是分发盘里的桔柑、樱花软糖、花生米。

袁咨桐一看这架势，悄悄跟身旁的堂兄耳语：“糟糕！怎么办？都是老大惹出来的。别人这样破费，看怎么下台！”

堂兄不敢吱声，眼睛看着袁咨桐的哥哥。一看人家根本不在乎，依然落落大方地端坐在那儿，冲姑娘只是媚笑。还是那姑娘精灵，见袁咨桐和堂兄拘谨，便端着拼盘说：“你们初次赏光嘛，难怪……别客气！”说着给三人各抓了一大把糖，塞在袁咨桐他们手里，一面还说：“放心！这不会是药你们的！”

这么一唠嗑，几个人的尴尬场面便烟消云散了。于是那姑娘的话也多了起来，问：“你们常来听戏吗？”

“也不常来，不过每星期六来一次，因为家里管得严。”这回袁咨桐的哥哥倒是说了句实话。

“我们是第一次……”袁咨桐红着脸补充道。

姑娘笑笑，道：“你们都是官家少爷，刚才嫂嫂悄悄关照我这样说的。如有怠慢，要请原谅。你们

爱听哪些戏呢？须生的，青衣的？……”

正题开始，袁氏三兄弟热闹起来了：大哥说他喜欢须生戏的激昂慷慨；袁咨桐和堂兄说喜欢青衣戏，它的凄咽婉转，正是多少年来妇女们受屈辱压迫反映出来的一种心声。姑娘竟然似乎对袁咨桐的喜好感到兴趣，于是举出《苏三起解》中的“想起了当年事，好不伤情”和三堂会审“十六岁开怀定情是那王公子”到“玉堂春本是公子他取名”、在名字前的25拍和名字后的13拍是48拍腔，真有“如怨如慕如泣如诉”、荡气回肠的韵味。说到这儿，姑娘又轻轻地叹息道，像苏三那样幸运的，能数得出几个来呢？

一阵冷场。

姑娘仿佛突然从忧郁中清醒过来，问：“你们喜欢的是哪类姑娘？”

袁咨桐和堂兄低下了头，因为他们不知如何回答。最后还是大哥答道："我们对歌女们都陌生得很，更不曾接近过，所以也都说不上来喜欢哪类的。"

"咯咯……"这话让姑娘笑开了。她坐直身子后，一本正经地"聊"了起来：歌女中谁庄重，谁轻浮，谁滥污，谁是半开门，谁是敞开的，还有什么"长三""么二""清官人""红官人"以及她们中个别的身世。所谓"清官人"都是有父母管教，待价而沽的，十分之九是当姨太太。一般是因生活所迫，或者欺骗、账债、压迫而失身下海的。她们处境同样可怜，由于客人们的胡说八道，无事生非，往往挑起她们之间争风吃醋、割裂打架，抓脸，撕破衣裳。别看她们穿得漂亮，吃得苦惨得很……如此这般，这般如此，说得袁咨桐他们目瞪口呆，仿佛上了一堂大课。

原来水这么深啊！别说袁咨桐，就是他哥哥也未曾听说如此“行当”里的大学问啊！

“唉，不知情的人还以为这行当里的名堂尽是光艳，其实也是血泪斑斑……”姑娘继续滔滔不绝，时而还长吁短叹。

这时，案头的座钟已经打了11下，袁咨桐和堂兄见大哥与姑娘谈得愈加深了，便站起来走向书架仔细察看。原来这姑娘屋子里除中学课本外，还有明清两代的名小说，郭沫若、郁达夫所著译的小说，以及唐诗、宋词、元曲等等。

“她还挺喜欢文学呢！”袁咨桐感慨道。

“我看她长得挺俊的，你大哥喜欢上了……嘻嘻。”堂兄悄悄在袁咨桐的后面说。

袁咨桐鄙视地看了一眼自己的哥哥，突然说：“夜深了，怕家里在盼望，我们要回去了！”他看上去有些赌气似地这样说。

“好好！你们先回去！”哪知他大哥一听，格外高兴地推着弟弟和堂弟往外走。然后又补充一句：“跟家里人说，我在同学家里玩，不要等我！”

见袁咨桐他们要走，那姑娘便客气地送到大门口，随后还说：“二哥四弟下星期六来，给你们另外介绍好不？一回生，二回熟，就像在自己家里一样嘛！”说着，竟然回头对袁咨桐的哥说：“你坐，我去送！”

这是袁咨桐没有想到的，他和堂兄不知如何是好，似乎内心一阵激动。

那姑娘回身将枕上放着的那一幅绛色大围巾披在了双肩上，随后与袁咨桐他们一起出了门。

深巷里，是迎面袭来的阵阵寒风，姑娘扯着围巾展开双臂，一左一右地邀挟着袁咨桐和堂兄的肩膀，仿佛三人是亲密无间的好同学，甚至走着走着，嘴里哼起了戏词。

到巷口，她还要替袁咨桐他们大声叫雇黄包车。袁咨桐很是感动，说外面冷，别呛着风，快回去吧！我们自己叫个车。

“下星期六一定要来哟，我给你们约好朋友啊——”黄包车已经走远了，袁咨桐回头见寒风中站立着的那个身影，他的眼睛里充满着怜惜……

“这个狗日的！”突然，他愤怒道。

“你骂谁呢？”堂兄莫名其妙地问他。

“我哥……”袁咨桐说。

沉默。一路无语。

至中华门后，袁咨桐他们下车行走。一路上，袁咨桐似乎生气异常，又突然开腔大声念道：“爱欲海，可谓沉埋男子躯；温柔乡，岂应老葬君王骨？”这是他在家乡私塾里熟读成诵的《幼学琼林》中的一段话。

“……钱树子、一点红、无廉耻，谓青楼之妓

女殊名。此固不列于人群，亦可附之以博笑!”堂兄接过复念道。

袁咨桐这时抢过话说：“咳！说什么‘此固不列于人群’，不齿于人类，不把她们当人，然而她们毕竟同样是人。是她们污了人群，还是人群污了她们？是她们无耻，还是人群无耻？当高官厚禄的无耻！现在讲男女平等，男女平权，扯着漫天大谎，究竟是无人觉察，还是无人揭穿！问题就是这么简单而复杂!”

俩人边说边走，回到城北将军巷宿舍时，已近夜半。虽然就枕，由于先前多喝了茶，仍感兴奋。堂兄问袁咨桐：“她约我们下星期六去，去吗?”

袁咨桐没有回答，而是朗朗地念起一首诗来：“小岛呵！何处显出你的挺拔呢？无数的山峰，沉沦在海底了!”这是冰心的一首诗。接着，袁咨桐又说：“郁达夫第一部小说《沉沦》，就是他不能自拔的写照。下次我们果真去那歌馆，那是自投罗网，或走向悬崖的事，万万不能……”

当晚，袁咨桐的大哥什么时候回来的，他俩都不知道。第二天早上，按照习惯袁咨桐和堂兄做作业。哪知在写着的时候，大哥起床了，见小弟袁咨桐在写昨晚的事，扯过纸笔，气得直骂。因为袁咨桐天性有“艺术才华”，所以将昨晚的浪漫事写成了一出“秦淮歌馆遇虎记”小戏，其中坏角色肯定是他的“色哥哥”。

“你个小混蛋，敢说我是灯蛾恋火，自惹其祸，还贻害了你们！你小子的觉悟就那么高，你觉悟高为什么不对为兄我来个劝谏，你们不也是和锣打鼓地在一起寻开心吗？你把我写成一风流浪子，吊膀子的行家，要是大舅、齐生伯知道了，同学们再传到学校里去，这还了得？(那时学生有写日记、周记的规定，由国文教师批阅。)自惹其实的倒不是

我，而是你，扯在大家的头上，家里不汇钱来，怎么过?”大哥真怒了，趁袁咨桐不防之际，便把他的“作文”扯了个粉碎。

这下惹怒了袁咨桐。只见他一瞪双眼，怒嚎道:“你不想想，你的行为多么危险！给兄弟们做了什么榜样？我们受你的牵连，我从昨晚这件事写出我的悔悟来有什么错？家里卖田当地供我们读书，你在苏州、南京打过六〇六、九一四，这些事骗得过人吗？败子耍风流，父母当马牛，你有一点孝心良心没有！”不等袁咨桐的话说完，大哥早将茶盅向他砸来，要不是晾毛巾的木杆挡着，袁咨桐的脑袋早就被砸破了。

这还了得！袁咨桐虽小，但也不是吃素的，于是兄弟俩扭在一起，打成一团！好在冷少农、刘师一等同乡闻声赶来，才把他俩拉开了。

“我们弟兄脑壳打破也相得拢，关别人屁事！”

袁咨桐的大哥还在气呼呼地骂骂咧咧。

这一“仗”打完之后，袁咨桐与大哥的“仗”就再也没有断过。他堂兄后来回忆说：“两兄弟在

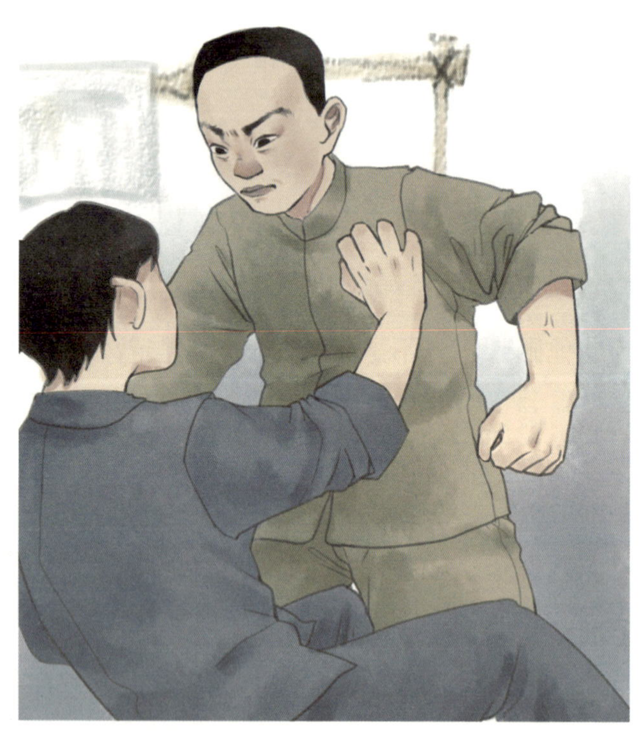

这个宿舍院子里争吵打架，发生过许多次。其缘由看来是：一、两兄弟的思想不合，各人的信仰不同，所进的学校也不同，大哥骂咨桐走共产主义的路是做梦，不如他走‘中央军事政法学校’的路才是现实的。二、读书的态度、目的不同：一个是图混资格，将来升官发财；一个是奋发向上，革命救国。三、习染不同：一个奢侈浪费，得乐且乐，一个艰苦朴素。四、一个轻诺寡信，言不顾行，一个虚心纳谏，从善如流，一经认定，抵死不渝。二人在人生观上各走极端，在禀赋上，有相同之处，就是性烈如火。”这个分析是有道理的。

袁咨桐后来到了晓庄，受到石俊、叶刚、郭凤韶等“大哥哥”“大姐姐”的影响，追求和信仰上与自家的大哥格格不入，以至到了生命最后时刻，他也没有听进大哥的规劝。这是后话。

我们再来看袁咨桐与姚爱兰一起听石俊的

“鬼”课……

“你们说，这个世界上到底有没有鬼？”石俊老师的话像一块石头抛入水中，顿时激起千丈波浪。包括袁咨桐、姚爱兰在内的学生们热议起来，有的说有，有的说没有，到底有没有谁也说服不了谁。

“是有的，我爷爷奶奶经常跟我说鬼就藏在坟地里，你要撞醒了它，它就缠着你，麻烦大哩！”姚爱兰战战兢兢地对袁咨桐说。

“哈哈……”袁咨桐笑道，而后若有其事地说，“我就撞到过，它……”

“啊？你真撞到过呀？”姚爱兰双手一把揪住袁咨桐的胳膊，万分惊恐地小声喊了起来。

见同学们回头看着她和袁咨桐“拉拉扯扯”，姚爱兰便红着脸，赶紧将手从袁咨桐的胳膊上松开。

袁咨桐当作啥事都没发生，但心头却异常开心，因为这是他第一次与“女人”在肢体上有接触，而且是他喜欢的女人。一种前所未有的幸福感也随之涌入他的心坎……

石俊老师的这一课，听的学生特别多，而且大家的神色异常严肃和紧张，且一个比一个聚精会神。

“我爷爷说，死人的头骨只要用水一浇，就会滚起来！碰到谁，谁就会死。鬼在夜里出来活动，坟地里就会有鬼火闪动，一闪一闪的，特吓人！”有个同学站起来说。

“哎呀，别说了好不好呀！”同学们更吓得直喊。

“老师，你快说说到底有没有鬼嘛！”最后大家求石俊老师回答。

石俊笑了笑，然后看着大家，说：“你们是相信还是不相信呢？”

“相信。”

“不相信！”

同学们你一句我一句，谁也说服不了谁。

石俊一挥手，站起身，说：“那好，咱们到外面去看看到底有没有嘛！试验一下……走！”

学生们就跟着石俊到了外面。姚爱兰确实胆小，她几乎是贴着袁咨桐往外走的。这一天袁咨桐特别男子汉，仿佛找到了“英雄救美人”的感觉一般，虽然只有几百米的路程，但他把姚爱兰“照顾”得格外周到。

石俊带着学生来到一个山坡上，那不远处都是些坟头。他让同学们站在离他较远的地方，然后拿出一个人头骨——也不知他从哪儿弄出来的这东西。当石俊把人头骨放在地上的那一瞬间，同学们发出一片惊叫声，自然，姚爱兰的声音也是其中叫

得比较响的之一。她不仅叫得响，而且身子就紧紧地贴在袁咨桐身上，这让袁咨桐变得特别神圣起来，脸色也有些变形。他内心波涛汹涌。

“人家看好了……”石俊开始表演：只见他将头骨放好后，提来一桶水，突然往上一浇。这当口有的同学眼睛瞪得圆圆的，有的吓得早已蒙上了双眼。“来来来，大家过来看看它怎么着了！”这时，石俊招呼同学们过来看人头骨有没有发生什么变化。

同学们开始往人头骨围过去。

“没有啥嘛！”

“是，它还是那个样……”

“对了同学们，其实这人头骨一点也没有变化。”石俊开始跟同学们讲道理了，“我们刚才朝它浇了水，它不仅没有滚动，也没有闪什么鬼火，还是原来的样子。这证明这个世界上并没有什么鬼一说。可有的人就说看到过人头骨闪着光的，那么在这儿我要跟同学们说的是，人头骨确实有的时候会发光，这是因为它有一种物质叫磷，这种物质一旦遇上空气就会燃烧起来。白天光线很强，我们不容易看得见它，可是晚上这种光就会显得很亮，而这就是有人说的鬼火……其实只是一种磷物质的变化而已，非鬼也！”

“原来是这样啊！”姚爱兰这才重重地释放了一口气，也把身子从袁咨桐身边“扯”开。

“是是，所以没啥可怕的。”袁咨桐虽然这么说，可心里还是有些遗憾，因为他希望那个温暖柔软的身子一直贴着他，贴得很紧，贴得很久、很久……

晓庄学校的自由气氛和有趣的教学与学习，让袁咨桐既增长了知识，又萌发了爱情，更多的是知晓了革命道理，触发了革命觉悟。

在中共地下党支部的领导下，加之校长陶行知的身体力行，学校内的文艺活动与创作表演格外热闹和活跃，尤其是演戏和文艺创作，当时少有学校能与之相比，一批文艺才俊在此崭露头角。

叶刚是位天才“故事大王”，其作品充满了对人民大众的感情和对敌人的仇恨，尤其是他创作的《红叶》童话，给陶行知和同学们留下了深刻印象，在他牺牲之后，陶行知极其悲痛，专门整理了他的 9 篇遗作结集出版，并亲自写序深情怀念这位才华横溢的青年：

飞、飞、飞

满天的飞。

哪来这些蝴蝶？

原来是红叶……

胡尚志等也都是讲故事的高手。要说演戏，那还得是谢纬棨。这位湖南小伙子，演什么像什么，演乞丐像乞丐，演知识分子像知识分子。现在我们从晓庄师范的图片陈列室内，还可以看到他当年与陶行知校长演对手戏的照片。

袁咨桐本来是不善言辞的山里孩子，但在晓庄师生们的影响下，也变得异常活跃。他也参与演戏，不过他在小说和剧本创作方面更擅长些。

1929 年 1 月 23 日，袁咨桐有幸经历了晓庄师范历史上很重要的一件事，那就是著名戏剧家田汉先生在陶行知的邀请下，于这一天来到了晓庄。他是带着当时赫赫有名的“南社”演员一起到晓庄的。

那一天，晓庄的“犁宫”内春意盎然。陶行知兴高采烈地首先上台致辞：“今天我是以‘田汉’的资格热烈欢迎田汉先生一行。晓庄是为农民而办

的学校。农民是晓庄师生的朋友。我们的教育是为种田汉而办的教育。我们犁宫前的一副对联，说明了我们办学的态度：‘和马牛羊鸡犬豕做朋友，对稻粱菽麦黍稷下工夫’。所以我们是以一个‘种田汉’代表的资格在这儿欢迎田汉先生……”这番深情而又幽默的话语让田汉和全场的师生及前来看戏的农民们热烈鼓掌。

接着田汉发表答谢辞：“陶先生说，他是以‘田汉’的资格欢迎田汉，实不敢当。其实我是一个‘假田汉’，陶先生是‘真田汉’，我这个‘假田汉’能够受到陶先生这个‘真田汉’以及在座的许多‘真田汉’们的欢迎，实在感到荣幸。我们一定要向‘真田汉’好好学习……”

宾主两人的话，已经把犁宫闹得热气腾腾。演出时，因临时缺个小角色，有人就推荐谢纬棨。结果那天谢纬棨演得异常出色，田汉大赞：“我的小

老乡确实会演戏！”谢纬棨从此在晓庄名声大振。

田汉和南社的晓庄之行，给予陶行知和晓庄的影响极大，同时对中共地下党推动这里的革命斗争

也产生了重大影响，从此晓庄的“剧社”“文艺社”蓬勃而生。而这里的党支部、团支部也利用这些文艺组织，积极编排一些爱国和革命题材的剧目及作品。地下党、团员石俊、谢纬棨、郭凤韶、姚爱兰都成为其中的骨干，袁咨桐更是其中的活跃分子。

值得一提的是，中共地下党在利用“剧社”进行革命斗争和革命宣传方面做了大量工作，这也是晓庄师范成为南京地区中共地下斗争重要据点之一的原因。

晓庄的地下党组织负责人最初是刘季平，后来由叶刚担任。叶刚既是学校的老师，又是剧社的积极组织者，所以党团的许多地下工作就是在“剧社”的工作之中同时开展，很好地掩护了革命的年轻同志。“晓庄剧社”的成立，也团结了一大批进步青年。叶刚的老乡郭凤韶不仅党性坚定，而且做事麻利，演戏特别认真，她出演的《卖花女》让观众常常跟她流泪不止，而她与叶刚在工作过程中也结下了深厚的友谊，产生了真挚的爱情。这种同志加爱情的关系，对其他年轻学生影响是很深刻的。袁咨桐虽小，但也受到了很大的影响。革命同志加爱情力量，让青春的理想火花更加旺盛。袁咨桐在这段时间里进步极大，进一步坚定了革命信仰。而他的进步，也在影响着另一个人——姚爱兰。

姚爱兰是个腼腆的姑娘，平时说话总低着头，不敢大声。参加剧社后，尤其与袁咨桐、叶刚讨论表演和背诵剧本时，渐渐也变得能够抬起头说话、一起讨论问题，更可贵的是她的表演细腻到位，令袁咨桐和叶刚等刮目相看。

“咨桐，听说你的大哥在国民党军队里当了不小的官。他常来看你吗？关心你学习吗？”

一天，石俊把袁咨桐带到自己的休息室，单

独问他。

“他呀，对我凶得很，看到我就训！”袁咨桐说。

石俊说：“那证明对你要求严嘛！”

袁咨桐马上气愤地说道：“他才不是呢！他管得好自己就不错了！他跟那些朋友们凑在一起尽讲些吃喝嫖赌、鸡鸣狗盗的事，还出去逛窑子，啥肮脏的事都干得出来！我已经看透他了！我表兄本来也想考军校去的，看到我大哥这个样，就生气地跑到上海去劳动大学了。”

石俊听后悄声地告诉袁咨桐：“国民党政府本来就是腐败和反动的，参加他们队伍的人也会学坏的。相信你不会像大哥那样。来，你有时间看看这本书……”

袁咨桐接过一看，是一本《什么是布尔什维克》。

“这是啥书呀？”

“讲革命道理的，如何推翻旧社会统治的

书……你看看，要保管好！”石俊吩咐道。

袁咨桐会心地点点头。

从此，石俊会不时地给些革命书籍让袁咨桐学习。而袁咨桐也在这些书中知道了马克思主义和共产主义等革命道理。“只要是让劳苦大众翻身、让国家富强的事，我干！”很快，袁咨桐加入了中国共产主义青年团。

有一天，他在过组织生活时，发现姚爱兰也在其中，便兴奋地凑到她面前，轻声道：“你也是同志，太让人激动了！”

晓庄地下党团组织通过“剧社”等形式，经常到江苏的苏州、无锡、常州、南通一带，借演出名义，深入农村，发动群众，进行革命斗争活动，受到中共中央和江苏省委的重视。陈云同志曾在巡视之后在写给中央的报告中专门指出：“南京自由斗争的七个学校有了群众，其中以晓庄为最好……”

1930年初，袁咨桐升入晓庄师范附属的劳山中学读书，并担任团支部书记。

一份沉甸甸的革命责任，让这位16岁的少年，逐渐地变得成熟起来。

这一时期，袁咨桐一边读书，一边参加党团的地下组织活动，与进步青年和团员在学校和各地进行革命活动，他因此坚持写“日记”。也正是这样的勤奋，让他在牺牲之后也给后人留下了难得的文字。

与袁咨桐同升至劳山中学的沈云楼也是位青年团员，也爱写“日记”。这位激情横溢的青年具有很高的思想觉悟和思考精神，他所写的“日记”十分精彩，也常给袁咨桐看。

“美丽的七色的太阳啊，你快点出来，放开你的亮光！放开你的热烈和光明！照在万物身上，都含笑，只有那呆坐的雪人会流泪……太阳啊，我爱你，我爱你的光明！爱你的热烈！”一次，袁咨桐将沈云楼的“日记”背诵给姚爱兰听时，姚爱兰简直有种陶醉的感受。这让袁咨桐也深深地触动：原来，诗是可以让爱情“发酵”的！

他开始悄然注意自己的“文学”修养。

一个深夜的山坡上，石俊带着学校的“联村自卫队”，正在进行“实战”练习。袁咨桐赶了上去。他挨到石俊身边：“老师，我能参加自卫队吗？革命是需要武装斗争的。列宁的布尔什维克就是通过它夺取政权的……”袁咨桐抚摸着石俊紧握的一支步枪，十分仰慕道。

石俊笑笑，说：“你是我们的革命同志，拿起枪支与反动派斗争是毫无疑问的。但我们这个自卫队是晓庄学校校长争取来的，它有规定，年满 18 岁者才能加入。虽然党团组织正利用它扩大我们的革命斗争力量，可也不能让陶校长为难。所以你暂

时不能参加自卫队。但你平时可以抽些时间来学习射击与操练！”

袁咨桐开心地道：“嗯，这就够了！”作为团支部书记，袁咨桐被“优先”允许参加自卫队的武装训练。而石俊他们利用参加晓庄武装自卫队的机会，在为革命培养力量方面做了大量工作。打靶，跑练，一样都不少。武装自卫队里，除了石俊外，刘季平、汤藻等都是其中的骨干。他们把这支校自卫队牢牢掌握在手中。

晓庄师范“自卫队”是陶行知先生通过冯玉祥将军的帮助才建立起来的，当时筹建的理由是：晓庄一带土匪猖獗，以保卫学校和附近百姓生活安宁所用。陶行知在晓庄成立两周年的纪念文章中曾这样评价这支“护校武装”：“从前晓庄五里以内有烟馆26所，新年赌博遍地皆是，匪警也是常有。但自有了联村自卫队组织以来，民众的武力造成公安局及驻军联盟缔结，40 里周围之烟赌匪患便一扫而空。试以赌博为例，茶馆一有赌博，小学生便潜去参观。学校一年教不好的孩子，赌场一天可以把其教坏。那么，造成民众武力以扫除那毁坏教育工作之恶势力，怕也是我们应当注意的一件事吧！”如此好事，政府当然也不便出面阻挠。然而这也为日后蒋介石反动集团镇压晓庄革命组织捡到了“把柄”。

自由和自主，是晓庄师范一向的校风。然而在有些问题的处理上，因为校方管得并不是很严，老师和学生自行其是的也不少。1930 年 3 月，晓庄学校发生了一起集体“逃票事件”，引发了一场不小的风波。

事情是这样的。这年春天，晓庄中心小学的学生提议免费到栖霞山旅行修学，并去采集标本。理由是：他们都是穷孩子，再说火车是劳动人民流

血流汗造的，劳动人民的孩子有权坐坐，如果连四等位都坐不起，太不公平。石俊觉得同学的话中有革命的思想，非常高兴，表示全力支持学生们的行动。于是他与叶刚一道，指导袁咨桐、姚爱兰等人以晓庄共青团支部的名义拟了一份宣言。之后，晓庄各中心小学的 200 多名师生，聚集到了南京和平火车站，想在此上车。

“你看看，他们都是小孩，到栖霞山去采集标本，是正经事，你就同意他们上车吧！”在火车站，袁咨桐、姚爱兰与站长死活说着这样的话，恳请让同学们上车。

“这个我没权利做主。坐车买票，这是天经地义的事，不买票就不能上去。”车站站长坚持。

师生人多势众，正在与站长争执之时，一声火车鸣笛声，200 多名师生趁机一哄而上，登上了火车。

“不能上！要罚款的！”车站站长急了，怎么喊也不行。学生们在袁咨桐、姚爱兰的指挥下，像小鸟似的“叽叽喳喳”着欢快地进了各个车厢，那高兴劲儿别提了！

“查票查票！有没有票啊？”真的来查票了！列车员开始查票，同学们紧张起来。

“谁带头的？你们谁是老师？”列车员喊着。

“找我嘛！我在这儿呢！”袁咨桐主动答应。

“你们没买票怎么可以带这么多孩子上车呀？”列车员愤怒地盯着袁咨桐，气急败坏地问他。

“你看看这个！”袁咨桐也没有畏惧，从口袋中拿出一张纸。

“《晓庄学校小朋友为争取旅行上学坐火车不打票宣言》?!”列车员看后，生气地说，“我才不管你啥宣言不宣言！你们应该买票上车！”

袁咨桐拾起被扔掉的《宣言》，一字一句地高

声念道：

“火车，是我们人民的火车！火车，是我们小朋友的火车！父老们，小朋友们！火车是我们人民血汗创造成功的。我们应当享有火车上的一切权利，因为我们是火车的主人。现在火车被少数人强占去了，有钱的坐头等，没钱的连四等座都坐不着，被拒绝到火车的门外，这是何等的不公平、不合理的事！父老们，小朋友们，我们要起来，一致地起来：实行旅行上学坐火车不打票！打倒火车上的阶级——头等、二等、三等、四等！铁路收归人民所有！”

“实行旅行上学坐火车不打票！”

“打倒火车上的阶级！”

“我们不买票！”

“坚决不买票！”

孩子们清脆高昂的口号声，响彻火车站和车

厢，引来许多围观者和乘客的好奇，竟然也有人跟着学生喊起口号，场面异常热闹。甚至有的工人这样说：“娃儿们你们说得对，我修铁路、造铁路，可是我就是坐不起火车！这种制度应该改变！”

在这一趟火车上，200多名师生站的站、坐的坐，热闹非凡。许多孩子是第一次坐火车，兴奋程度更不用说。

转眼到了栖霞站。车站站长要收票，如果没有票，必须补票，否则不让出站。袁咨桐和姚爱兰立即出面，说：“我们已经向铁道部提出申请。现在我们身边没钱，有什么事可以到学校来找我们算账。”这么一说，弄得车站站长无可奈何，只得放行。

“太过瘾了！太胜利啦！”出车站后，一向腼腆的姚爱兰竟然情不自禁地张开双臂，一下拥抱住袁咨桐，一边还在不停地叫唤着。

袁咨桐也兴奋得满脸通红，高声道：“是是！

我们胜利啦！胜利啦！”

真的是胜利了。同学们坐了一趟“免费”火车后回到学校，这下给陶行知校长带来的麻烦可不小。铁道部部长孙科接到下面的报告后，大怒：“简直不像话！”可一听说是老同学陶行知学校的学生所为，又哭笑不得，最后写了一封信，称其为“荒唐之举”，“以后一定要严加管理，否则重治！”

“哈哈……你们说此举对还是不对呀？”陶行知找来袁咨桐和姚爱兰等问清原由之后，笑得弯下了腰，连声说：“要不得！要不得！”

他始终站在同学们这一边，并在晓庄的大墙壁报上写了一首“打油诗”：生来不自由，生来要自由，谁是革命者，首推小朋友！

袁咨桐和姚爱兰因为此次“逃票”事件，在师生中名声大振，仿佛英雄一般。

但是，反动政府从晓庄此次“逃票”事件《宣言》的文字中，似乎闻到了“激进分子”的气味。不日，首都卫戍区司令谷正伦对记者发表谈话称：“实行强行不打票，并发现其宣言内多与三民主义违背……”

与此同时，在中共地下党组织的领导下，晓庄党团支部并没有因一次自我的行动而停步，他们借机用这份《宣言》，向全国小学倡议。这一举动，自然也让反动政府感到“陶行知”和“晓庄学校”是在“冒火”。

说来也巧，这个时候，南京发生了“和记洋行”罢工事件。在此次洋行罢工事件中，工人纠察队和英国水兵之间发生了武装冲突，手无寸铁的工人怎能与全副武装的英国水兵激战?！结果工人死伤无数。

惨案发生后，和记洋行的工人领袖、共产党

员邓定海到市里向党组织汇报了案情。中共南京市委紧急召开会议，决定号召全市群众和工人迅速声援，并指定晓庄学校的刘季平、石俊为示威游行的正副指挥。晓庄学生自然成了示威游行的主力之一，袁咨桐、郭凤韶、姚爱兰等党团员全部出动，走在了游行队伍前列……

这是一场与帝国主义势力和反动政府的正面较量。晓庄师生成为了斗争的先锋队。在与反动军警的“说理”与“争执”中，时时看到叶刚、郭凤韶、袁咨桐、姚爱兰、沈云楼等年轻革命者的身影，他们用工人们付出的生命代价，力陈事实，揭露帝国主义和反动政府的罪行。然而，国民党政府不但不支持晓庄师生们的革命行动，反而采取了最野蛮的镇压。

一场针对晓庄、针对年轻革命者的血腥屠杀由此拉开黑幕……

自袁咨桐他们发动的那次“逃票”事件和近日声援“和记洋行”的游行之后，晓庄师范的上空，不时地感觉着“阵阵黑云”压来。

1930 年 4 月 7 日，这一天是星期一。上午，国民政府照例举行纪念孙中山先生的总理纪念周活动。蒋介石在会上带领大家背诵完《总理遗嘱》后，开始讲话。在这次讲话中，他特别评说了“和记洋行”工潮及随后的学潮，并以声色俱厉的口吻向南京和全国的相关学校发出了警告：“前天和记洋行发生工潮，随后有学生游行。此事教育界同政府要负责的。现在反动派造谣，竟说英人打死和记工友 4 人，这是完全没有的事……现在革命政府之下，如果有反动的行为，那就是自绝于革命，不但是徒然牺牲，而且负了反革命的名号，是绝对没有益处的。所以现在如果哪一个学校或是哪一个团体，不听政府命令，无故掀动风

潮，政府必要严加制裁的！”

当天下午，蒋介石下达了关闭晓庄学校的密令，同时要求教育部门派员前往晓庄“接收”。

蒋介石对小小的晓庄学校如此大动干戈，其实并非全因为“逃票”事件和“和记洋行”事件引发的学潮，重要原因之一是他与冯玉祥将军之间的矛盾公开化了。而前一年蒋介石在冯玉祥将军的“诱导”下来到晓庄学校参观，见学校有枪支武装的“自卫队”一事本身就很不高兴，加上他认为从几件事的“迹象”看出有“共党活动”在晓庄，于是新仇旧愤一下发泄而出。

一个字：“封”！封校！

黑色飓风转眼刮到了晓庄，袁咨桐他们的头顶顿时乌云密布……许多学校的家长不知何故，吓得纷纷从大老远的地方赶到学校，设法将自己的孩子领回家去。

“再不走，蒋光头要杀人啦！”校内外到处都在这样传言。

陶行知感觉必须站出来说个明白，而且必须站在最前面说话了。

“同志们！我们是为劳动者办的学校，为苦难的劳动者而做事！有什么错？错在何处？错到何处？让我们一起牢记我们的使命吧——教导乡下同胞做中华民国的主人！不然，我们的乡下同胞就没有出头之先！他们不出头，我们休想出头！乡下同胞没有享福之先，我们休想享福！我们若是赶在农人前面去出头享福，只此一念便是变相的土豪劣绅。与农人同甘苦，共休戚，才能得到光明，探出生路。来，我们大家一起唱《劳山歌》，为中华民国的主人努力吧！”风雨交加的前夜，陶行知如此告知家长们，也如此告知自己的师生们。

老山劳，

小庄晓；

咱锄头，

起来了。

老山劳，

小庄晓；

新时代，

推动了

……

“然而，校庆的欢歌还没消散，晓庄人的喜悦还挂在脸上，阴云却逐渐笼罩晓庄了。其实这阴云的影子早已被陶行知和晓庄人看到，有些在外任职的晓庄人，被当地政府以‘与共党勾结’等理由辞退，而在晓庄的树荫下、墙角阴影里、草垛后面总会游荡着一些陌生的但眼光阴狠的特务，他们还跑到老百姓和学生家里去游说、收买眼线，为的是要抓住晓庄的‘罪证’。虽然他们几乎没有任何收获，因为晓庄根本就没有任何罪行，但是作为一校之长的陶行知已经嗅到了空气里的火药味和血腥味，因此他在校庆上讲的‘晓庄可毁’，‘一阵野火，半天便可以把他们烧得干干净净’之类的话，并不是杞人忧天，而是开始给晓庄人敲响警钟，并再一次凝聚晓庄人的意志，为可能到来的‘风暴’、战斗做好准备！”有人写文如此说，晓庄将面临一场生死浩劫——

1930 年 5 月的一个清晨，这场酝酿已久的“风暴”终于来了！那天陶行知在外奔走筹措经费，不在晓庄。天刚放亮，师生们像往常一样准备开始一天的工作学习，但是村上的狗却不安地叫起来，而且一阵紧似一阵。住在农民家的晓庄人白韬赶紧从小窗洞往外看，只见大队的灰衣服士兵和穿黄色

制服的宪警手持上了刺刀的步枪，腰携手榴弹和麻绳，向晓庄学校开来，一队又一队，约有五六百人。他和同事们马上意识到情况不妙，连忙逃入附近的麦田中去。

这大队人马如临大敌，离校本部还有一里多远就稳住阵脚，分为两队，随着指挥官的一声口笛响，俯首直冲，向校部包围上去。一个冲锋，将犁宫包围起来，但却不敢轻举妄动，直到一个宪警战战兢兢地推开门，才发现里面一个人也没有。这个意外让指挥官呆住了，因为他是受了上级的命令，说晓庄聚众千余人，有枪数百支，准备暴动颠覆政府，务必包围而歼灭之，如有反抗，格杀勿论！然而，见到的竟然是这幅景象，指挥官暴跳如雷，朝着被带来的师生喊："枪，枪，枪呢！我是奉命来缴械的！"

"什么枪呐？你是说内政部送的破枪么？"一

位同学说，“放心，你们要，我们奉还就是了，枪已经修好不少，修理费也奉还！”

一会儿一百多支枪就堆在了恼羞成怒的指挥官面前，他似乎因为没有发生战斗，也未能杀人，不能邀功请赏而感到不满，连声大叫：“封闭！封闭！封闭你们这个造反的学校，你们都是反革命分子，土匪！”

“可是封条贴在哪儿呀？”宪警拿着南京卫戍司令部的朱笔大封条，却不知道该贴到哪里。原来晓庄方圆几十里，师生都是分散住在各处，学校既没有围墙，也没有大门。

指挥官更加气急败坏了，他大骂：“混蛋！贴在那里、这里，不是都行?!”他一指犁宫，又一指“书呆子莫来馆”，大概是因为这两处茅屋比较大一些。

这些狗腿子在晓庄整整翻了一天，但一无所

获，只得拖着百多支破枪走了。但第二天一早，又派了一个连冲进来，自以为可以杀一个“回马枪”，可是仍然扑了一个空，晓庄并没有任何暴动的迹象。于是他们开始驱赶师生，但师生本来就分散住在各处，大部分住在老百姓家里，驱逐也无从下手，可伤透了这些鹰爪的脑筋，最后他们终于想出了一计：派了一连兵占领晓庄学校本部。

就这样，晓庄被封了！京城的名校如此一夜风云全变，震惊神州。

晓庄被封，在当时显然是个严重事件，因为晓庄师范虽然在南京并非重点大学，但它的影响力和陶行知先生的威望，让它具有不同凡响的教育地位，甚至连国际上都有影响。蒋介石的动作，一方面是直接对着陶行知，另一方面更多的是针对“藏”在学校师生中的中共组织和革命力量。

借“镇压反革命”而实现他的真正的反革命

之目的，是蒋介石绝对愿意花代价的事情。封“晓庄”可谓一举三得，包括敲打冯玉祥以及其他“不听话”的军阀们。

次日，国民党《中央日报》上还专门发表了一篇胡汉民所写的“公告”：陶行知办的晓庄学校“勾结反动分子阴谋不轨，本党为肃清首都祸患于未然，特勒令封闭，陶行知本人事先未能防范，亦不能辞其罪”。

“怒！怒火燃烧起来了！”校长陶行知对此义愤填膺，当下挥笔写了《护校宣言》这一檄文，痛斥政府当局的可耻行为，并表达了全体师生的护校决心——

晓庄学校，被当局勒令停办了。被当局越过教育部而直接勒令停办了。被当局以秘密开会莫须有之罪名而勒令停

办了。乡村教育之发祥地停办在乡村教育没有普及之前，是何等的痛心啊！中华民国的忠仆能以自己的生命换取中华民国之生命，又是何等的光荣啊！革命的教育摧残于所谓的“革命政府”之手，这是何等的令人难解，又是何等的令人失望啊！

这次当局断然以迅雷不及掩耳的手段停办晓庄学校，远因近因虽多，归总起来只是因为我们不肯拿人民的公器，做少数人的工具，不肯做文刽子手，去摧残现代青年之革命性。我们认清了教师之职务是教人学做主人。……因为我们要教人学做主人，所以对于侵犯了这主人地位的势力，都要问个明白，和它一决胜负。

封条
封 封 条

此时的石俊、郭凤韶、袁咨桐、姚爱兰等地下党团员更是冲锋在支持校长陶行知和护校的最前面。他们与同反动政府和反革命势力战斗了十几年的陶行知先生战斗在一起，团结广大师生，为学校的生存而战。他们心怀与陶行知先生一样的坚定信心。

因为走的乡村教育之路而广受大众的拥护和支持，所以晓庄师生的护校运动，不仅深受周边群众的支持，而且也在南京城里受到工人、市民们的拥护。在中共组织和陶行知的带领下，晓庄师生们整队来到国民党政府的教育部，在大门口高呼口号，责问当局为什么封闭学校，要教育部长出面陈述理由。由于蒋介石密令“封校”本身就是越过教育部的独裁行动，所以教育部门的官员只能含糊其辞，让晓庄师生“静候解决”。

“无法静候！他们根本就是不想让陶先生创办

的乡村教育在中国存在！根本不想让穷苦人家的孩子们读书，根本不想让我们这些人有所作为！我们能答应他们的‘静候’吗？”学校里，袁咨桐等骨干遵照党组织的指示，在进一步发动师生，准备同反动政府进行坚决的斗争。这样的斗争，后来不仅仅是晓庄一个学校，南京市的许多大、中、小学校也加入了支援“晓庄复校”的斗争队伍之中。

“反了！他们全想反了！”蒋介石恼羞成怒。他要抓人、杀人了！他要把所有燃烧在南京政府周边的“野火”统统灭掉，这才是他心之大患呵！老蒋对冯玉祥支持陶行知办学并武装学生的事耿耿于怀……

1930 年的一个秋夜，南京成贤街的一所民居，窗户透出一束昏暗而警觉的灯光，几个晓庄的老师和学生正在商讨着什么。忽然，昏暗的灯光下出现

了一张有些憔悴却从容而平静的脸。

“校长！”

来人正是陶行知。他走进屋来，屋子里一片沉静，大家都凝视着陶行知，等他说出什么喜讯或是噩耗。陶行知开口了，口气是严肃而从容的：“我是来向你们告别的！”

大家都惊疑地望着他，屏气凝神，等他继续说。陶行知此时露出了微笑，说：“他们下令通缉我了，这是蒋的密令，大约明天早晨就要执行，我得趁今晚十一点半的快车，赶到上海去！”

他说完这些话，灯光仿佛一下子更黯淡了，满屋寂静，谁都不愿意先说话，还是陶行知开口了：“你们，留在这儿，得当心呀，他们已经下决心来干我们了，我建议你们下乡。”

陶行知在这里逗留了一两个小时，与大家详细地商讨以后怎么办，最后，他留了一些钱，对大家说："必要时，你们得向上海跑，不要硬拼！"看到大家沉毅的表情，他略微放心，一脚跨出屋，又停住了，一转身，攥着拳头，低声而坚决地说："我们还要干！"大家心头一股热血上涌，低声地重复说："我们还要干！"陶行知眼眶一热，毅然转身，消失在了夜幕里……

13 年前，乘着远洋轮船踌躇满志回到中国的陶行知，3 年前，放弃高官厚禄穿着土布衣服来到晓庄的陶行知，可能没有想到这一幕，也可能早就料到了这种情况的发生。不管他想到还是没有想到，结果都是一样的，那就是陶行知临别的那句话——我们还要干！

但是未来又在哪里呢？

这是《陶行知传》中关于那段黑暗时刻的一段写照，陶行知被迫离开自己心爱的晓庄，离开心爱的教育岗位，甚至不得不再次离开祖国。

未来在哪里？陶行知不知道。晓庄的未来更令人担忧。

德高望重的校长走了，留下的几百名弱小的师生怎么办？

1930年4月12日，几乎与三年前的这一天同样黑暗，国民党反动政府对弱小的晓庄学校，竟然出动了500多名武装宪兵和几十个便衣侦探，分乘十多辆汽车，带着铁丝网，“轰轰隆隆，开至晓庄”，准备将一份“布告”张贴在学校内外墙上。

“贴哪儿呀？这里连块像样的泥墙都没有嘛！”动手的军警觉得奇怪，怎么也找不到一个合适的地方贴“布告”。

“那就给我举着到学校四周游示！”无奈，当官的想出这一招。袁咨桐等师生们看了这滑稽的一幕，哄堂大笑。

“再敢笑？谁再敢笑？”军警们端着上了子弹

的枪，对准学生。

“打呀！你们打呀！朝这儿打！”袁咨桐气愤至极，挺起胸膛往反动军警的枪口上顶。

“这小子，还真硬啊！”一个军警正想用枪托打袁咨桐，恰好被石俊一挡给挡了回去。

“别跟他们一般见识。”叶刚悄悄跟袁咨桐说。

学校不仅被封了，而且“布告”中明确说了此次是“解散”晓庄，更让人气愤的是还对校长陶行知先生发出了“通缉令”，上面这样写道：

为晓庄师范学校校长陶行知勾结叛逆，阴谋不轨，查有密布党羽，冀图暴动情事，仰京内外各军警、各机关，一律严缉，务获究办。此令。

国民十九年四月十二日

（即 1930 年 4 月 12 日）

石俊看完“布告”内容，悲愤难忍。他知道，晓庄的革命力量将面临最严峻的考验时刻。

“下一步我们怎么办？”袁咨桐作为团支部书记，和其他党团员都在这危急时刻，等待组织的指示。

“市委和市团委的指示是：要求我们暂时隐蔽起来，随时准备配合更大的斗争，同反动政府战斗到底！”隔日，石俊传达了组织精神。

南京城是国民党反动政府的首都，隐蔽其实也不是一件容易的事。晓庄党团支部的骨干，被迫分散在不同的亲朋好友处躲避，三三两两，等候新的战斗指令。

此时的中共南京市委，其实也处在不稳定时期，多次遭“全军覆灭”式的打击后，新恢复的市委组织常常是尚在重新整合队伍时，又被叛徒出卖而丧失新的战斗力。同时，由于李立三错误路线的影响，他所坚持的要在“敌人心脏”进行武装起义的指令，更让这里的革命力量和党团组织雪上加霜。

这年5月，在李立三的坚持下，南京市地下党团组织和工会组织合并成“五月行动委员会”，准备再度武装起义，并且由秘密活动转入公开斗争，要在敌人面前举行大罢工、大罢课、大罢岗、大罢操、大罢市等“大罢”运动。石俊等隐蔽的晓庄党团干部被派往各要害单位组织工人、学生和群众进行同反动政府公开的斗争。

这一步棋极其危险，然而“上面”已经下达了“五月行动指令”，必须全力以赴，“必要时准备牺牲”。极左路线的影响，最后让革命再度陷入深渊，年轻的共产党员和青年团员们经受了不能回首的血腥洗礼……

石俊是领导兵工厂暴动的总指挥。

回到老家暂时躲避的叶刚回来后找到石俊，问有什么任务。石俊告诉他：回晓庄想办法把学校的革命力量发动起来，组织起来！

叶刚回到晓庄，看到的景象已经不是过去的那个样了，国民党的军人竟然在给一些散落留存的学生讲课，讲的内容几近“胡说八道”。叶刚痛苦地流下了眼泪。他在去往南京的途中，发现一群国民党特务在盘查一位学生模样的女子，过去一看，果然是自己的同学郭凤韶。叶刚急中生智，上前说这是自己从乡下来城里看望亲戚的表妹。如此一番糊弄，总算蒙混了过去。之后的郭凤韶重新投入了石俊和叶刚他们布置的对敌斗争之中，到处贴标语、发传单，进行着危险而充实的工作。

“爱兰同学，你怎么在这儿呀？”一日，叶刚在街头发现了姚爱兰。原来，为了继续待在城里战斗的姚爱兰，想不出什么招术，所以把自己打扮成乡下讨饭的农妇。

“听说你家人到处找你。目前的情况城里也很不安全，你还是回老家躲一下，如果这边需要你，再出来也不迟。”在叶刚等的劝阻下，姚爱兰依依不舍地离开了同学们。临别时她问叶刚，见到袁咨桐了没有？

“听说他还在南京城里，他们贵州老乡在这里的人不少，好像都还是有势力的人，他很安全，你先回家啊！”

听完叶刚的话后，第二天姚爱兰就跟着前来劝她回老家的父亲和爷爷，回到了六合老家。

身在老家的姚爱兰心想着城里的同学们，所以她与叶刚、郭凤韶等一直保持着通信。有一次叶刚告诉她敌人一次次在搜捕晓庄同学，姚爱兰一着急，就想回晓庄去看看，但家人阻止了她。无奈，她想到了本班同学沈云楼，想通过他了解更多城里

的情况和晓庄的敌情。哪知沈云楼在一次行动中被捕，姚爱兰的信也被特务发现。随后特务机关派出两名乔装打扮的女特务悄然来到姚爱兰的老家六合。完全没有警惕的姚爱兰一日在河边洗衣服，两个女特务假装真诚地对姚爱兰说："我们是南京来的，你的同学托我们来找你。你赶快跟我们回去吧！同学们正等着你呢！"

姚爱兰对来路不明的两个女人马上警惕起来："你们是哪儿来的？我不认识你们……也不知道你们在说啥！"

"可你应该知道郭凤韶、谢纬棨吧？是他们让我们来找你的！"其中一个女特务说。

另一个又笑眯眯地道："放心，是你的好同学让我们来找你的，他们现在很不方便，南京方面需要你回去，所以托我们来找你……"

姚爱兰冷静了一下，说："那我准备准备。"她想借此机会逃脱。谁知她刚想拔腿，另有两个便衣特务拔出手枪，顶在了她的腰间。

姚爱兰被捕了。

“你们凭什么抓人？凭什么？”姚爱兰并不傻，她在与特务们争执时，故意大声质问，于是便惊动了众乡亲。这当口，有人赶紧向姚家报告。可当姚家人赶到小河边时，姚爱兰早已被特务强行押到了小火轮车上，远远地消失在亲人的视线之中……

“小兰！小兰——”亲人的呼唤，再也无法得到回应。

这时的袁咨桐并不知道姚爱兰所发生的这些事。他依然还在同几个共青团员们组织“最后的斗争”。

这边被逮捕的姚爱兰，平时看上去是个腼腆的姑娘，可是遇事后却格外冷静。她用眼睛斜视着抓她的特务，心里想着如何摆脱他们，争取找

机会逃脱。

机会来了。在押解途中，有一段路需要乘船。

上船前一刻，姚爱兰突然喊了一声："我要解手。"

"事多啊！"无奈，女特务们只好给她松绑。这一松绑，让姚爱兰找准机会，她猛地一跃，跳进了脚下的江水之中……

"抓住她！别让她跑了——"特务们气急败坏，又是开枪，又是抡篙，最后硬是用铁钩篙将姚爱兰拖了上来。

再看此时的姚爱兰，已然浑身是血……

次日，国民党的《中央日报》竟然登了篇"女共匪投江自尽"的报道，狠狠渲染了一番。

"烈女也！"袁咨桐看到此则报道后，既为姚爱兰的英雄行为感动，同时又为她万分担心。然而，此时的袁咨桐和所有坚持在南京城内斗争的青年革命者一样，也随时面临着危险。

事实上，袁咨桐已经两次被敌人抓捕了，只是他的“运气”比一般同学要好些，原因是他后面有“人”，而且应该说都是些“高人”。

我在袁咨桐老家习水调研采访时，袁氏家族的后人们告诉我，袁咨桐牺牲前，共有三次被捕。那位袁仕成先生不愧是位“袁咨桐研究专家”，从其口中获得的材料宛如“史记”，一清二楚：

“1929 年 10 月，咨桐第一次被捕，是因为那次‘逃票’事件的后半场。袁咨桐他们带着同学到了栖霞山之后在回程出站的时候，突然被一群等候在那里的武装警察吆喝上了一辆卡车。虽然袁咨桐他们跟警察们嚷嚷，但人家全副武装，没有办法，最后袁咨桐等几位领队的学生被押解到了南京卫戍司令部。当时，晓庄师范校长陶行知接到司令部电话后，感到事情突然，立即与黄齐生先生商量如何营救。国民党南京卫戍司令部的司令是谷正伦，与黄齐生先生是贵州同乡，又系熟识，于是由黄老先生出面，去会见谷正伦。黄老坐上雇请的黄包车到司令部后，谷正伦没有露面，而是派一个秘书接见了黄老。黄老在和秘书交谈中，首先说明来见的缘由，接着秘书板着面孔对黄老说：早已查明晓师有‘赤化分子’组织在活动，晓师的校长、老师要严加管教和防范，要保证不再有类似事件发生，今后若再发生这类事件，除将肇事者逮捕严惩外，说不准今后还要查封学校呢！至于这次肇事的学生，暂时关押在部，一俟审问调查清楚后，再分别处理。与秘书谈完后，黄老先生考虑到与谷的秘书争辩也不会有效果，只好坐上黄包车回学校了。后来打听到，除五个‘闹事’领头的学生没有释放外，其余的学生都释放了。因为袁咨桐是学生中跳得最凶的一个，谷正伦看在贵州同乡和黄老先生的面上，所以也给释放了出来。”

第二次被捕是因“和记洋行”事件。

1930年4月，南京下关的和记洋行方面杀害了3名工人引发的工潮和学潮之中，他再次被捕。那天，南京全市各大中学校如中央大学、晓庄师范和钟英、五州街中学学生约五百多人集中在大操场举行了反帝示威大会。后来举行了示威游行，由刘季平担任总指挥，游行队伍行至凤仪门（现挹江门）时，城门紧闭，十来个警察阻止队伍与下关的工人游行队伍汇合。刘季平、石俊率领袁咨桐等70多个学生上前斥责警察，由互相诅骂发展到拳打脚踢，在手持器械的工人的协助下，砸开了城门，闹得狠凶。示威游行结束后，南京反动政府与帝国主义勾结，于4月7日这一天，来到晓庄，当场逮捕了8名师生，袁咨桐又在其中。怎么办？当时袁家和在南京的贵州同乡会的人都很着急，晓庄的人自然更着急。最后还是觉得由黄齐生老先生出面最合适。“唉，去呗！凭这张老脸再走一趟吧！”

这一次黄老先生先是徒步走了一段，后来又雇了辆黄包车到达卫戍司令部，见了持枪警卫的军警，说要找他们的司令谷正伦。门卫通报后，这回谷正伦还真的露面了。谷正伦知道黄齐生在贵州老家的影响，再加上自己的老婆又是黄齐生先生的学生，所以给一回面子也不算啥大事。但谷得知黄老的来意后，就劈头盖脑地说道：“黄先生又是为共产党说情来的吧！那我也告诉你：据调查，晓庄学校就是有异党活动。现在正值国家安内攘外的非常时期，内部是不容有任何的捣乱来分散实力的。这是委员长的治国之本，谁敢反对和破坏?！你们搞教育的，天天讲‘教育救国’‘读书救国’，可为什么要包庇、纵容赤化分子在学校内外捣乱！”黄齐生一听这番话，也便来气了，反驳说：“我们办教育的人是以‘三民主义’为根本的，一向以孙中

山先生的‘三民主义’来教育学生，不管这党那党，凡能遵守执行孙中山先生的遗教和政策的，我们就相信他，拥护他！现在帝国主义已深入我国的腹心大办工厂，剥削压榨甚至杀害我们的同胞，那些青年教师、学生，激于良心，激于义愤，向帝国主义及其走狗示威抗议，这不就是一种爱国行动吗？他们罪在哪里！我们晓师有几个学生还不到法定年龄，就被逮捕，这是什么样的正义、人道和团结?!”就这样两人你一句孙中山先生遗训，他一口蒋委员长训令，争论了半天，谁都说服不了谁。最后还是由谷正伦的一个秘书出面劝解，黄齐生先生这才气呼呼地拄着拐杖走出了司令部，一屁股坐上黄包车回到了晓庄师范学校。

回到学校后，黄齐生左思右想觉得不对头，而且从谷正伦的话中品出这回袁咨桐等学生惹出的事不小！袁咨桐他们肯定要吃亏呀！怎么办？怎么办？半夜里，黄齐生睡不着了，坐在桌子前，拿起笔墨，当晚就给自己的学生、谷正伦的妻子陈瑾书信一封，嘱她务必本着良心，仗义执言，劝谏其丈夫不要冤屈无辜。毕后，又给他在南京当局宣传部工作的侄女黄亭芬写了一封信，嘱她与陈瑾相商，营救晓庄师生……

黄亭芬与陈瑾原是贵阳达德中学相好的同学。黄登门会见了陈瑾，递上黄老的信，毕竟两个女人之间好融通，陈瑾后来长叹了一声，说：咨桐是黄老的得意门生，是党国的人才，如果能把他救出，公谊私情也都是应该的，何况我们还是同乡、同学，身在公门正好修嘛！正在俩人谈得甚欢时，谷正伦来了。这两个女人你一言、我一语，竟然让谷正伦爽快地答应了："行，看在你们和黄齐生老先生的面上，再放那小子一马！"当晚，袁咨桐由看守所候审室押解到谷正伦的公馆。后来黄亭芬回忆

说：袁咨桐一见她，便喜形于色，连声欢叫她“三姐”。谷政伦的妻子陈瑾对袁咨桐印象也特别好，夸他长得俊气，头脑灵光，是个很有前途的“男娃儿”，可惜就是被“赤化”了。“三姐”黄亭芬悄悄对袁咨桐说：“谷太太对你印象好，你可要争气啊！人家放你一码，你要学得懂事。”袁咨桐只是笑笑，没有说话，他心里想：我是干革命的，跟谷正伦他们是两条道的人，人家怎么可能真心对我好嘛！在俩女人的一呼三叫下，谷正伦这回确实对袁资桐放了一码。不过当夜没有释放他，而是仍将袁咨桐押回看守所候审室。但三天后，他便被释放了出来。

其实这回释放后，国民党特务并没有放松对袁咨桐的监视，在晓庄的中统特务余仲篪一直暗中秘密监视着袁咨桐的一切行动。袁咨桐身在南京，离家乡土城万水千山，但由于南京城里“贵州系”的要人不少，所以小小袁咨桐的事儿也能让家乡的父老乡亲大致有个了解。

此时的南京和晓庄，其实白色恐怖仍然十分严重。国民党反动派到处抓人，尤其是对共产党员和革命者，几乎是见一个抓一个，甚至稍稍有那么一点儿“证据”就会将其杀害。

晓庄学校已经在特务那里挂上名了，便衣特务和公开军警每天都有人在各处搜捕他们怀疑的“共匪分子”。谢纬棨就是被余仲篪盯上后被捕的。

原本已经到北京工作的胡尚志是在报纸上看到自己母校晓庄师范被解散的消息的，又受陶行知先生《护校宣言》影响，决意回到南京参加护校斗争。就这样，胡尚志便满怀战斗豪情，只身回到了南京，住在安徽公学原来的老房子里。哪知这个房子曾是他与余仲篪一起住的，而此时的余仲篪已经叛变革命，做了敌人的走狗。胡尚志等于是“自投

罗网”于这位特务同学的掌中……

汤藻和马名驹也没有离开南京，他们继续在南京地下党组织的领导下，到处散发传单和鼓动民众起来斗争，结果在印制传单时被特务发现而被捕。

石俊、叶刚、郭凤韶、汤藻、姚爱兰、沈云楼等晓庄十青年先后被捕，都关在国民党首都卫戍司令部看守所。

第一批牺牲的是叶刚和马名驹，他们于 1930 年 8 月 16 日被敌人杀害于雨花台，两人都才 21 岁。

两天后，汤藻和沈云楼又被杀害于雨花台。在狱中，年轻的女烈士汤藻一次次被打得死去活来，然而她从不屈服。与汤藻、沈云楼同一天遇害的共有 20 位烈士，他们是南京市委行委书记李济平和夏初雨等青年党团员。

9 月 17 日、20 日和 26 日，姚爱兰、袁咨桐、石俊以及郭凤韶、胡尚志等也先后被敌人杀害于雨花台……

姚爱兰入狱后，敌人同样在她身上施以各种酷刑，逼其招供。然而她始终一句话：“我是共青团员，但是我要像共产党人那样去生！去死！”

石俊和郭凤韶牺牲的时候都表现出大无畏的革命精神，让刽子手们也感到惧怕。他们牺牲前在狱中受尽敌人的摧残与诱惑，然而口中没有一个字是对革命不利的，其高尚的精神和情操，如同他们的青春光芒一样，永存于世。

“你不要演戏了！”

“我从来不演戏！”

“不是听说你演戏水平很高嘛！”

“我演戏是专门为鼓动人民起来推翻你们这些反动统治和压迫人民的敌人的！”

“死到临头还硬什么？”

“革命者从来不怕杀头，你们来吧！明天，更多的革命者将把战斗的红旗举得更高——”

这是谢纬棨在牺牲前与敌人的对话，他的话让刽子手们都在颤抖。

谢纬棨的牺牲，还引发了鲁迅和后来也成为烈士的另一批革命者的强烈反响。这个事件的“穿线人”就是著名作家、上海“龙华二十四烈士”之一的柔石。这位曾与鲁迅并肩战斗的“左翼”作家联盟领导者之一的共产主义革命战士，也是鲁迅最信任的学生。他在一篇题为《一个伟大的印象》的纪实体散文中，详尽记述了当时在艰难岁月里中共一次地下党组织活动的场面，其中的那个16岁的湖南籍少年据说就是谢纬棨。而谢纬棨对知识分子的柔石有怎样的影响，在此文中可以看个淋漓尽致——

这是最后的斗争，

团结起来到明天，

International，

就一定要实现！

悠扬的雄壮的《国际歌》，在四壁的红色的包围中，当着马克思与列宁的像前，由我们唱过了。我们，四十八人，密密地肃静地站着，我们底姿势是同样地镇定而庄严，直垂着两手，微伛着头；我们底感情是同样地遥阔，愉快而兴奋；恰似歌声是一朵五彩的美丽的云，用了“共产主义”的大红色的帆篷，装载着我们到了自由、平等的无贫富、无阶级的乐园。

我们，四十八人，同聚在一间客厅似的房内，围绕着排列成一个颇大的

“工”字形的桌边，桌上是铺着红布，布上是放着新鲜的艳丽的红花。我们底会议就在这样的一间浓厚的重叠的如火如血的空气中开始了。

“同志们！苏维埃的旗帜已经在全国到处飘扬起来了！”我们底主席向我们和平地温声地作这样的郑重的开会词。

我们底关系都似兄弟，我们底组织有如家庭；我们依照被规定的“秘密的生活条例”而发言，讲话，走路，以及一切的起居的行动。一位姊姊似的女同志，她的美丽的姿势和甜蜜的感情，管理着我们所需要的用品底购买和接洽，并在每晚睡觉之前，向我们作“晚安”。

“谁要仁丹么？”在会议底长时间之后，她常常向我们这样的微笑地问。

为了减少椅凳底搬动的声音，我们是和兵士一样站着吃饭的。有一次，一个同志因等着饭来，这样说笑了："吃饭也和革命一样的；筷子是枪，米是子弹，用这个，我们吃了那些鱼肉；快些罢，革命，吃饭，可以使我们底饥肠不致再辘辘地延长！"

晚饭以后，没有会议的时候，或不在会议的一部分人，就是自由谈天，——互相找着同志，报告他自己底革命的经过的情形，或要求着别人报告他所属的团体底目前的革命形势，用着一种胜利的温和的声音，互相叙述着，讨论着。

"这位同志是代表那里的？"

这句话是时常普遍的被听到。

从各苏维埃区域及红军里来的同志他们是非常急切地要知道“关于上海的目前的革命的形势”。

“上海的工人，市民，小商人，对于革命怎么样？不迫切么？不了解么？”

“除了工人，一般市民，小商人，大约因为阶级的关系，对于各种革命的组织与行动，只是同情，还不很直接地起来参加。”我回答。

“上海的工作是紧要的呀！”他们感叹地。“农村的革命日益扩大，日益紧张的时候，上海的工人，市民，非猛烈地起来不可！”

上海的报纸是不容易输送到他们底手里的。有一次，现在的第四军，因为在山上二十几天得不到报纸，心里是非常地焦急，以后探听得某一城的某处，有几份报纸，于是就在当夜，开了一团兵，走了六十几里的长路，攻进城，取得了这几份报纸回来。——这是一个事实。

在会议室的一角，放着一张黄色的书桌，里面的抽斗内，贮满了各种左倾的杂志并共产主义的书报。有一位同志管理着借阅与收还的事，可是一到早晨（晚上是收回的）所有的书籍总从这个忙碌者底手里传递给人们，他们，除了三五个完全不识字的农民代表外，就都在个个人底手里捧着一本书，或一份报了。他们专心地似又艰难地阅读着，有时，互相地疑问着，简直似考试前的小学校里的小学生那样。

可是不识字的农民同志，也有时走向阅读者底身边问问书里所说的是什么。

“这是什么书呢？”

“《萌芽月刊》。”我向走近我身边的农民同志回答。

“我们底书么？”

“是的，关于无产阶级底文化方面的。编辑和译著的人，都是思想清楚的战士与作家。”我并将这一期的目录告诉他。

“是我们底杂志啊！”他向我微笑地亲昵地又说了一句。

在各人底手里，都有一本由我们的女同志交给他的记事的拍纸薄和一枝铅笔。这样，就有一部分人。老是在那里习练了，涂写了。在开会的时候，他们记录着，不在开会的时候，他们绘画着；“我们底主席”，“我们底东江同志”，“女同志，你真是美丽的呀”！我竟从一个红军代表的手里看见这样标题着的三张非常精细的人像，类似旧历过年时在街坊上卖的“花纸”上所画的。我想，这是所谓“民众的艺术”罢？但画家所要研究的，也可以根据这一个，——我们实在需要民众的画家。

他们也时常捻着簿子向我问字：“冲锋的冲字是怎样写的？”写好一个“彳”，叫我填上去；“牺牲的牺字可以这样写么？”又有一次，一个同志将“牺”这样的一个字问我，可是我很羞惭，不能立刻给他一个爽快的答复，因为我从来没有看见过这样写的一个“牺”字。

我也从他们所问我的字行旁，看见他们底纸上，满记录着标语似的口号似底警句：“向城市冲锋”，“猛烈地扩大红军与少年先锋队的组织”等等。

有一位辽东的同志，身体高大，脸孔非常慈祥和蔼的人，他在和我作第一次的谈话时，——我们是同睡在一间寝室的地板上的——他就告诉我他对于革命底最初的认识和行动：他说他之所以革命，并不是为了“无产阶级”四字，他是大地主的孩子，钱是很多的，而他却想推翻“做官阶级”——这四字是他用的；他说他自己是“平民阶级”——底专制，就从家里拿了一支枪，空身逃出到土匪队里去，因为土匪是“做官阶级”的唯一的敌人。可是第一次受伤了，子弹从上臂底后部进，由背上出，——同时他脱了衣服，露出他底第一次的两处伤痕给我看。他是受过几次的伤的(以后我知道他底精神也受过颇深的伤痕)，第二次是在面底后部，耳朵底下面，银圆那么大的云的一块。——同时，他觉到土匪是没有出息的，非进一步，作推翻封建社会的行动不可，于是加入了无产阶级的革命团体。

“五六年来，我是没有家，”他说着，两眼是慈和而有光的。“到处飘流；也在石板船内，指挥着作过战。”

他底话，在这晚，是被纠察员底命令：“十一点钟了，熄灯，不准再讲话！”而停止了。

过后一天，他忽然给我一个纸条，

上写着：

“爱是有的么？”

我很奇怪。可是在那时，我是不能和他谈爱的问题的。我也就只好用纸条，给他一个回字，问他为什么发这个疑问。

于是我就陆续地收到他底好几次的纸条了。我在这里总括他底意思：他有一个爱人，爱人也深深地爱他的，而现在，为环境的条件所限制，结婚是万不可能。我最后给他这样写着的纸条：

“爱也是阶级的，爱的方式也是阶级的……是呀……”

可是他摇摇头，给我这样的回答：

“不，我现在要问你是怎么可以消灭我底脑里底爱底印痕。加重地努力于革命底工作，是最好的方法么？”

这样，我知道，这位同志是一个感受着冲突底苦恼的布尔塞维克。

关于恋爱，——苏维埃区域里的农民底态度，和红军军队里的兵士底意识，也都值得注意的。

据从苏维埃区域里来的同志底报告：在当初农民是大半都反对自由恋爱，和离婚自由的。有一件例足以记述：一个年青的党员和一个农民底妻发生恋爱，而这个农民底妻就向这个农民提出离婚；这个农民就向大众愤愤地怨诉道：

“革命革命，革他一个卵！我们底老婆，都要革掉了！”

于是群众也大愤，竟商议要杀死这个年青党员。事情被党的指导者知道，只得调开这个年青党员到别处去工作了。

这当然不是根本的办法。

可是在妇女的一面，却正相反；她们都要求自由，要求解放，热烈地向丈夫提出离婚，苏维埃政府的民事案，竟以离婚的裁判为第一忙了。假如政府不准，她还会在群众大会的时候，登台向群众演说，作根本的她底自身底解放自由的斗争。

现在苏维埃政府是努力地作向农民解释底宣传，允许离婚的绝对自由的。有许多地方，妇女解放是渐渐做得通了。

在军队里，有同样有趣的事实。就是兵士们也多反对在军队里有恋爱的现象的发现。这一半还因为女性的兵士太少，一半因为女同志多喜欢和官长接近的缘故。虽然，在红军里，“经济的平等”是被规定的一条原则（另一条原则是“纪律的平等”），但责任的地位有高低，而妇女的虚荣心也是还存在的。所以某一军的军长，曾有过以军事上的观点，不准女同志加入军队的禁令。

在这次的代表会议里，有我们底十六岁的年青勇敢的少年列席。他有敦厚而稍近野蛮的强的脸，皮色红黑，两眼圆而有精神，当发言的时候，常向旁或向上投视，一边表示他在思想着所发的言，一边正像他要用着他底两眼底锐利的火箭，射中革命底敌人的要塞似的。他底发言，是简朴的，稍带讷讷的，有时将口子撑的很圆，——他是湖南人——正似他底舌是变做了一只有火焰的球在滚着一样。他底身体非常结实

而强壮，阔的肩，足以背负中国的革命底重任，两条粗而有力的腿，是支持得住由革命所酬报他底劳苦和光荣的。他是少年先锋队的队长，那想吞噬他的狼似的敌人，是有十数个死在他底瞄准里的。他受过两年的小学教育，可是会做情诗了。

妹妹呀，你快来罢！

我从春天望到夏，

又从夏天望到秋，

望到眼睛都花了！

他有一次将这四句诗念给我听，当时我对他说："你还是革命罢，不要做情诗。"

可是他笑着向我答：

"我是不会做情诗的，情诗是你们底

队伍的人做的。这四句诗也好像从一本什么诗集里读来的。你不知道么，在你们里面有做诗的革命的人？”

我稍稍微笑着摇头，同时我牵了他底两手，紧紧地握着，而且，假如当时的环境能够允许，我一定向他拥抱而高喊起来：

“亲爱的弟弟，我们期待着你做一个中国的列宁！”

关于这个勇敢的小同志，我们底主席向我们说着这样的话：

“假如他能够在上海受训练二年，一定能做一个非常好的C.Y。不过我们不能留住他在上海，那边也需要像他这样的同志的。像他这样的少年，是到处都被需要的。”

有一次，他从我们底一位漂亮的同志底西装的外衣袋里，掏出一块紫绸的色光灿烂的小手帕来，他看的惊骇了。

“这做什么用的？”他问。

“没有什么用，装饰装饰。”我们底漂亮的同志答。

“可以给小妹妹罩在头上的呀！”他很快乐地说，同时将这稀薄的手帕网在脸上，窥望着各处。

“送给你罢，你带回去送爱人去罢。”我们底漂亮的同志笑嘻嘻地说。

“呀？”他底大的鼻子竟横开的非常阔了。这样，他就仔细地将它折好塞在他底小衫的衣袋里。

“打倒军阀！”

“打倒帝国主义！”

“猛烈地扩大红军！”

“组织地方暴动！”

“中国革命成功万岁！”

“世界革命成功万岁！”

威武的，扬跃的，有力的口号，在会议底胜利的闭幕式里，由一人的呼喊，各人的举手而终结了。我们慢慢地摇动着，心是紧张的，情感是兴奋的，态度是坚毅而微笑的。在我们底每一个人底背后，恍惚地有着几千百万的群众底影子，他们都在高声地庆祝着，唤呼着，手舞足蹈地欢乐着。我们底背后有着几千百万的群众底影子，他们在云霞之中欢乐着，飘动地同着我们走，拥护着我们底十大政纲，我们这次会议的五大决议案与二十二件小决议案，努力地实行

着这些决议案的使命，努力地促进革命底迅速的成功。我们背后有着几千百万的群众的影子。我们分散了，负着这些工农革命底重大使命而分散了，向全国底各处深入，向全国底工农深入；我们底铁的拳头，都执着猛烈的火把。中国，红起来罢！中国，红起来罢！全世界底火焰，也将由我们底点着而要焚烧起来了！世界革命成功万岁！我们都以火，以血，以死等待着。我们分散了，在我们底耳边，仿佛响彻着胜利的喇叭声，凯旋的铜鼓的冬冬声。仿佛，在大风中招展的红旗，是竖在我们底喜马拉雅山的顶上。

一位革命少年对柔石的影响是坚定了他对共产主义的信仰，让柔石这样一群上世纪二三十年代在上海滩的知识分子有了人生的正确选择。后来他们都加入了革命队伍，成为革命文化的先锋战士。

啊！战！
剜心也不变！
砍首也不变！
只愿锦绣的山河，
还我锦绣的面！
呵！战！
努力冲锋，
战！

这就是少年英雄给予“大青年”的柔石等革命知识分子的影响。他们后来也加入了反对帝国主

义、反对蒋介石反动统治的革命行列，成为勇敢的战士。1931 年 1 月 17 日，柔石和胡也频、殷夫、冯铿、罗石冰、欧阳立安及中国共产党著名领袖何孟雄、林育南、李求实、彭砚耕、龙大道、中共南京市委书记恽雨裳等 24 人被敌人残害于龙华监狱的一块草地上，成为著名的“龙华二十四烈士”。

一个小英雄的成长和牺牲，让一群知识分子挺身走到了对敌斗争的最前沿。一群革命知识分子的牺牲，又引发了文化巨匠鲁迅先生的极大悲愤，于是也让我们一代又一代人读到了鲁迅先生的经典作品《为了忘却的纪念》……

我们再来说眼前的这位更小的烈士袁咨桐。

与谢纬棨不同的是，袁咨桐其实只须悄悄点一下头，或者不用说什么，便可以保住一条活脱脱的年轻生命，他才 16 岁啊！然而他没有，他没有在死亡面前怀疑和动摇过半点对共产主义信仰的忠诚，他丝毫没有畏惧过死亡的威胁和任何引诱。

即使之前有过两次对“贵州老乡”的开恩，然而敌人从来就没有放松过对袁咨桐革命行动的监视。他第三次被捕其实也一直在敌人的盘算之中。

他属于“死不改悔”一类的青年革命者，因此敌人恼怒了。被押到监狱后，仍然有人极力想帮助他，尤其是黄齐生老先生，一次次搬出那张从来都是被人尊敬的“老脸”，一次次托人甚至亲自拄着拐杖，来到老熟人谷正伦府上和办公室“求情”“说理”。

“是，学生们是有过激之处，可他们毕竟也是爱国之心，过激一些也不至于死罪。更何况袁咨桐他才 16 岁呀！”

“黄老先生你是明白人，你也确实是我内人的老师，而我也给过您老面子了。袁咨桐是年少，但他中共产党铁毒太深，这已经是第三次犯事，而且拒不忏悔和自省。老先生你是明理之人，对这样的小青年，我放一马可以，再放一马尚说得过去。可事不过三呀！”

黄齐生抹一把老泪，又直起身子，严肃道：

“我只是觉得像袁咨桐这样聪明能干的国家之栋梁，如果让他们活在世上为国家干正事，又有什么不可？我是办教育的人，真理在谁的手上就同情和支持谁，从不问是国民党还是共产党！但有一点我清楚：袁咨桐他们干的不是坏事，倒是你们政府干的许多事实在不可理喻！”

黄齐生不再求执掌生杀大权的谷“司令”了。然而他并没有放弃对袁咨桐的营救，他仍在多方做着努力。

一日，袁咨桐在国民党军队当长官的大哥来到监狱。哥俩之间关系一向不融洽，因为自到了南京之后，袁咨桐看到大哥生活腐烂就一直不见他。这回生离死别之际，大哥的态度似乎也变得好多了。

“小弟，你毕竟年幼，对许多事无知和缺乏判断，今天走到这一步，都是大哥我的错。以前我们

俩谁是谁非且不去论。看在哥的面上，你就在他们给的这张纸上签个字，其他的事你甭管了，跟我走……”大哥递过一张纸。

袁咨桐看了一眼，是“悔过书”，便冷笑道：“哥，这样的东西，你可能说签就签了，可我绝不会签的。”

“你才几岁？你就不珍惜自己的命？你不珍惜，家里人还等着你呢！妈大老远还托人带讯给我，让我劝劝你。你就谁的话都不听？”大哥苦苦劝诫。

袁咨桐朝自己的大哥挥挥手，说：“你不用拿家人来劝我。这条路是我自己走的，跟家里人没关系。我既然干了革命的事，就对不起家里人了。相信土城的人早晚能够说一声我袁咨桐没有给他们、给我自己家人丢脸……”说着，袁咨桐竟然嘲讽起自己的大哥来：“不知若干年后，你这位大哥是不是也能让土城人和家人为你感到骄傲？”

“你这小子确实受共党的毒害太深了！我不管你了！死活你自己顶着！”大哥气呼呼地走了，一脸失望。

“二哥”也来信规劝。袁咨桐拿起笔，回信道：“……我们各有着不同的处境，不同的教育，不同的见解，还有不同的命运吧？我们之间，有人在忍辱

顺受，有人在观望徘徊，有人在勇往直前……一个人到了不怕死的地步，还有什么顾虑的呢？有了这种舍己为公的奋斗精神，还怕理想事业不能成功？”

几天后，袁咨桐突然被人“请”上汽车，转了几圈后，车子进了谷正伦的“司令部”，然后又被人“请”到司令办公室。

“你小子面子够大了。我们想靠近一下司令都不容易，你小子竟然还要司令请呢！”押解他的特务如此打趣袁咨桐。

袁咨桐冷笑一声后，说：“知道啥叫黄鼠狼给鸡拜年吧？”

那特务朝袁咨桐后背上就是一拳：“你去死吧！”

袁咨桐“哈哈”大笑起来。

“笑什么？死到临头，你这小子还能笑得出来啊？”谷正伦虽然已经两次给袁咨桐“开恩”，但也是第一次见他的这位“共产党小老乡”。真是仇人见面，分外眼红！

谷正伦围着袁咨桐转了一圈，点点头："倔劲嘛，有点像咱贵州人！"然后又说："如果往正道上走，该是一个人才！"

袁咨桐不搭话，眼睛看着天花板。

"好吧，给你最后一次机会。"谷正伦这回还是被妻子的枕头风给说动的，所以作出了最后一次"挽救"的准备，故而想亲自说服他的这位"被共产党毒害得很深"的小老乡，他不信世上竟然有这么小的孩子能被共产党教育到"死不改悔"？

"年轻人任性一点是可以理解的，但太任性就是不知好歹了！"他一边拿出一份《自首书》，一边盯着袁咨桐的表情，不紧不慢地说，"你在上面签个名，其他的啥都不用顾虑。我送你出国去，留学几年后想什么时候回来，就什么时候回来。那个时候世界可能都变了，你就不用顾虑你的

‘同志们’如何看待你了……怎么样，这么安排够意思了吧？”

袁咨桐轻蔑地瞥了一眼那份《自首书》，摇摇头，没有说话。

“你是不想签名？”谷正伦问。

袁咨桐依然不吱声。

“敬酒不吃吃罚酒？”谷正伦忍住性子，继续说，“要知道，你是死刑啊！黄先生救你没用，其他人救你也没用。这里只有我可以留你一条活路，而这条路就这么简单——你签个字就行。如果你连这个都不做，那就真的不会有人再可以救你了！”

“自己定吧！”谷正伦说完这句话，再也不想说什么了。

这会儿袁咨桐倒是开口了，他说：“人都有一死，但你我死的价值不一样。只要死得值得，虽死犹荣。我为共产主义而死，值得的！”

“值得个屁！”

这是生命的最后一场较量。较量者的一边是老奸巨猾的国民党特务头子，一边是年仅 16 岁的青年学生。然而胜利者最后必然是后者——16 岁的袁咨桐。

“枪毙！必须枪毙！”谷正伦气得七窍生烟。

“司令，他的年龄不够呀。”特务小心翼翼地凑过来报告。

谷正伦拿起大笔，在“16”的数字上重重地一勾，于是就变成了“18”……

16岁的少年袁咨桐就这样被敌人推出牢房，押至雨花台，牺牲在他的那些才被杀害的战友身边。

那鲜红的血再一次染尽了雨花台的山岗，映得天边的晚霞一道血红。

袁咨桐牺牲之后的某一日，两位从他老家来的亲人，无声地坐在半枯的荒城上，痛哭了许久。而后他们漫步在旁边，俯身拣了一些雨花石子，并将两首祭奠的诗篇放在下面。诗是这样写的——

（一）

残照西风落叶黄，忽惊佳节又重阳。

黄花沦落埋丛莽，紫雁孤凄失阵行。

思往事，叹年光，雨花台下实堪伤。

一杯薄酒聊相奠，重展遗书哭异乡！

（二）

重到金陵万事非，同来何事不同归？

遭擒两次齐师救，三次谁知永不回！

云纳谏，避艰危，自提保证又相违。

堪悲大器牺牲早，壮志才华未发挥！

54年后的1984年4月23日，同一个地方，同样又来了两个人在此为袁咨桐扫墓，然后又将第三首祭诗放在雨花石下——

三到金陵万事兴，改天换地仗元勋。

昔年梦境成真境，为有捐躯后继人！

嗟物化，赞成仁，荒台已庇柏松青，

且将英烈书方志，聊报童年策励情！

这个写祭诗的人，就是当年与袁咨桐一起到南京上学一起参加革命的习水土城人袁沉颖。

我到习水时，知道他曾是当地的政协副主席。

习水土城人讲起小烈士袁咨桐的故事时，众人赞叹，说："我们这儿红军四渡赤水出了名。其实袁咨桐也是个让我们土城长脸的英雄。"

落魂雨花台的袁咨桐，你听到家乡人夸你了吗？

你知道现在你的家乡有多美吗？

你当年的理想今天早已实现。而家乡人仍在惦念的是你与那心爱的姑娘姚爱兰是否真的有过恋爱？

乡亲们坚信：你和姚爱兰是真爱的"对象"。

我也信。我真的信。我甚至相信你们在九泉之下仍然亲密地恋爱着……